U0755108

烟草可持续发展体系构建与推广应用

李志涛　李光雷◎主　编

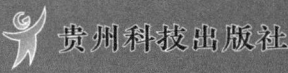

贵州科技出版社

图书在版编目（CIP）数据

烟草可持续发展体系构建与推广应用／李志涛，李光雷主编． -- 贵阳：贵州科技出版社，2020.6
　　ISBN 978 - 7 - 5532 - 0856 - 5

　　Ⅰ．①烟… Ⅱ．①李… ②李… Ⅲ．①烟草工业 - 可持续性发展 - 研究 - 贵州 Ⅳ．①F426.89

　　中国版本图书馆 CIP 数据核字（2020）第 058430 号

出版发行	贵州科技出版社
地　　址	贵阳市中天会展城会展东路 A 座（邮政编码:550081）
网　　址	http://www.gzstph.com
出 版 人	熊兴平
经　　销	全国各地新华书店
印　　刷	贵州新华印务有限责任公司
版　　次	2020 年 6 月第 1 版
印　　次	2020 年 6 月第 1 次
字　　数	230 千字
印　　张	13.5
开　　本	710 mm×1000 mm　1/16
书　　号	ISBN 978 - 7 - 5532 - 0856 - 5
定　　价	45.00 元

天猫旗舰店:http://gzkjcbs.tmall.com

编委会

前　言

近年来,随着经济社会的不断发展,公众对身体健康和食品安全的关注度日益提升,因而国内外卷烟企业对烟叶产品质量和产品安全提出了更高的要求和标准。

烟草可持续发展计划(Sustainable Tobacco Programme,STP)是 2015 年由英国 AB Sustain 公司、英美烟草公司、帝国烟草集团、日本烟草国际公司、菲利普·莫里斯国际公司、雷诺烟草公司、瑞典火柴公司等在烟草产业发展新时期下合作创建的。STP 在提高烟草生产水平和质量的基础上,尽量减少对自然环境造成的负面影响,旨在指导烟农和烟草供应商实现烟草生产可持续发展。在烟草生产过程中全面实施 STP,是建设生态文明、贯彻新发展理念、实现高质量发展、绿色发展和可持续发展、提升烟草市场竞争力的需要。

贵州省特色的生态资源禀赋、优良的烟叶质量、完善的绿色生产技术体系及保障体系,为 STP 的推广应用奠定了坚实基础。本书以贵州省烟草商业 2016 年以来实施 STP 试点探索的成功案例和初步构建的贵州省 STP 体系为基础,总结了贵州省 STP 在农艺部分和加工部分各领域取得的实效,详细阐述了 STP 的概念和意义,并提出了贵州省 STP 下一步发展的意见和建议。通过以管理为引领,以风险评估为先导,以方案制订和培训为切入点,以组织实施为抓手,以数据采集、突击访问和自评估、第三方评估为监督机制,采用 PDCA[即将质量管理分为 4 个阶段,Plan(计划)、Do(执行)、Check(检查)、Action(处理)]循环工作法,充分利用信息化和"互联网 +"技术,做好资料归档工作,农艺部分以烟农为最小评价单元,构建了贵州省 STP 体系。

本书由中国烟草总公司贵州省公司牵头组织,中国烟草贵州进出口有限责任公司、贵州省烟草公司黔西南州公司、贵州省烟草公司遵义市公司、贵州省烟草公司毕节市公司、贵州烟叶复烤有限责任公司、南京国环有机产品认证中心、南京农业大学等单位共同编写完成,并参阅了该领域有关专家、学者的著作和文章,在此一并表示衷心感谢。

由于编者水平有限、编写时间较短,在体系的完整性、内容的全面性等方面难免存在疏漏之处,敬请读者批评指正。

编　者

2020 年 6 月

目　录

第一章
STP 概述

第一节 STP 概念

STP 即烟草可持续发展计划,是指在优质烟草生产过程中,提高烟农效益,尽可能减少对自然环境造成的负面影响,不断改善与烟草生产、加工相关的人员的工作条件和单位的社会经济状况。烟草可持续发展是烟农和烟草供应商持续实施烟叶可持续生产的必然结果。

一、STP 的提出

2015 年,英国 AB Sustain 公司、英美烟草公司、帝国烟草集团、日本烟草国际公司、菲利普·莫里斯国际公司、雷诺烟草公司和瑞典火柴公司以良好农业规范(Good Agricultural Practices,GAP)和烟草生产中的社会责任(Social Responsibility in Tobacco Production,SRTP)为基础,在烟草产业发展新时期下,共同合作创建了 STP,旨在指导烟农和烟草供应商实现烟草生产可持续发展。STP 通过对烟农和烟草供应商进行一系列考核来判断其生产、管理过程是否符合要求,考核内容包含加工和农艺两个部分。这两个部分各由四大领域组成,每个领域都包含多项内容,每项内容都有标准,主要根据指标的完成情况来判断烟农和烟草供应商是否符合标准。

二、STP 与 GAP、SRTP

GAP 起源于 20 世纪 90 年代,在欧洲暴发牛海绵状脑病之后,人们对食品安全的关注度空前提高,为此,欧洲零售商协会(Euro – Retailer Produce Working Group,EUREP)制定了 EUREP GAP。在接近同一时期的美国,当时与新鲜水果和蔬菜相关的食源性疾病暴发率上升,为此美国食品和药物管理局与美国农业部联合发布了《关于降低新鲜水果与蔬菜微生物危害的企业指南》,这个指南形成了美国 GAP 的基础。在世界各国对安全、优质食品需求的驱动下,GAP 的提出得到了广泛的认可且被运用到农业生产的各个领域。GAP 在不同国家和地区、不同的生产对象上存在一定的差异。对于烟草生产,行业内现行比较公认的是国际烟草科学研究合作中心颁布的《GAP 指南》。

企业社会责任(Corporate Social Responsibility,CSR)最早于 1923 年由英国学者奥利弗·谢尔登(Oliver Sheldon)提出,最开始是用于指导企业(商人)做出与社会目标一致的决策。SRTP 作为 CSR 的一部分,由英美烟草公司提出,旨在以对社会和消费者负责任的态度,积极主动地应对存在的问题,强化烟草企业经营和管理,以此树立良好的烟草企业形象。

STP 是 GAP 和 SRTP 的整合与升级版本,它涵盖 GAP 对农作物生产过程中关键点的控制、对 SRTP 中关键点的控制。STP 设立了管理领域、作物领域(加工部分为工厂领域)、环境领域、人员领域,完善了环境保护、劳动用工中的劳动者权益保护和安全工作环境等内容。

三、STP 产生背景

(一)烟草行业面临控烟履约的外界压力

在国内外经济社会不断发展的大环境下,我国的烟草行业面临着许多方面的挑战。首先是控烟压力。《烟草控制框架公约》履行程度的逐步加强使烟草行业面临严重的生存和发展挑战。我国在加入世界贸易组织后,取消了特种烟草专卖经营企业许可证,更使我国烟草行业面临巨大的市场竞争压力。其次是承担社会责任的压力。烟草行业肩负着服务烟农、助力脱贫攻坚的社会责任,随着烟草生产总量下降,烟草行业面临帮助烟农增收和自身转型发展问题,这个问题解决不好,就会加大烟草调控难度,影响烟草生产可持续发展。随着新型烟草制品份额逐步增加,烟草行业原料需求进一步减少,转基因、农药残留、重金属等质量安全问题和环境保护新要求等都使烟草行业面临发展挑战。

(二)烟草产业是地方经济发展和助力脱贫攻坚的产业

我国常年种植烟草面积为 93.3 万 hm^2 左右,收购烟叶约 175 万 t,其中超过 70% 的烟草产区分布在偏远贫穷地区,种植烟草是当地百姓主要经济来源。2018 年,全国实现烟农种烟总收入 550 亿元、烟叶税 107 亿元,户均收入 5.39 万元,帮助 4.08 万户建档立卡贫困农户脱贫。同时,全国各产区完善支农富农政策体系,推进烟草农业现代化建设,培育了一批新型职业烟农和现代产业工人,初步实现了小农户和现代农业发展的有机衔接,对加快烟草产区农业农村现代化进程发挥了重要作用。近年来,烟草生产中的设施化育苗、井窖式移栽、地膜覆盖栽培、有机肥生产、机械化作业等先进适用技术在玉米、辣椒、茶叶等产业中推广应用;烤房种植蘑菇,以及轮作烟田种植特色蔬菜、瓜果、粮食作物等助农增收产业已广泛推广应用;新能源烤房、GAP 管理、土壤保育技术、减量化生产模式、地膜回收利用、农药包装物回收及无害化处理等绿色技术的应用,助推了自然生态与农业产业的和谐发展。

为贯彻落实新发展理念,履行烟草行业社会责任,紧跟国际优质烟草发展新方向,增强中国烟草国际影响力,推动烟草高质量发展,2016 年,贵州省引进了 STP,并开始初步试点。

四、在贵州省试点推广 STP 和构建贵州省 STP 体系

2016 年,贵州省引进 STP。

2016 年,STP 农艺部分在黔西南布依族苗族自治州安龙县钱相烟叶站进行初步试点工作,其技术支持单位为联一国际公司。2017 年,经中国烟草总公司贵州省公司立项,STP 试点工作正式在黔西南布依族苗族自治州安龙县钱相烟叶站、兴义市白碗窑烟叶站、遵义市播州区鸭溪烟叶站进行。2018 年,新增毕节市纳雍县

寨乐服务区试点。2019年,播州区试点扩大至全区、纳雍县试点扩大至全县、安龙县试点扩大至两个烟叶站。2020年,STP试点扩大至黔南布依族苗族自治州瓮安县建中烟叶站、黔东南苗族侗族自治州施秉县双井烟叶站、铜仁市德江县煎茶烟叶站、六盘水市盘州市珠东烟叶站。

2016年底,STP加工部分开始在贵州烟叶复烤有限责任公司贵阳复烤厂实施。其技术支撑单位第一阶段为英美烟草公司,第二阶段更换为联一国际公司。

贵州省STP体系的构建考虑到了中国的法律法规、STP的特点和贵州省烟叶生产和加工的实际情况。一是要完全符合中国相关法律法规规定。二是在体系建设方面:当前贵州省烟草商业产区的体系文件是以市(州)公司为单位制定的,复烤厂的体系文件是以复烤公司为单位制定的。在STP尚未覆盖整个市(州)、整个复烤公司时,STP管理体系有规定但市(州)公司、复烤公司体系文件中没有涉及的,由试点县(市、区)分公司、试点复烤厂制定STP相关规定进行满足;只有当STP覆盖整个市(州)、整个复烤公司后,才能考虑将STP管理体系规定与市(州)公司、复烤公司体系文件进行整合。三是在制订方案时,STP农艺部分突出了中国特色的内容,如绿色防控、生物质能烘烤、有机肥施用、废弃地膜回收再利用、井窖式移栽、集雨坪等;加速推进STP试点后的创新性内容,如农药包装物回收处理、废弃漂浮育苗盘回收处理、烟农雇工风险化解等。STP加工部分重点关注非烟物质控制、均质化加工、安全的工作环境、降低工人劳动强度、创造舒适工作环境等。四是增强STP实施单位自评估。五是STP农艺部分建设了"STP数据采集"模块、"STP数据查询"模块、STP自评估信息化系统,工厂部分推进追溯系统建设。

第二节　在贵州省推广STP的意义

近年来,贵州省烟草生产水平不断提升、科技创新能力走在全国前列,但随着国际、国内对环境保护要求的提高,客户对产品结构和质量要求的提高,生产经营方式的转变,烟区污染治理、废弃物回收处理和资源化利用等的全面开展需要提速,供给侧结构改革尚需进一步推进,烟草绿色发展支撑保障制度体系有待进一步健全。开展STP是贯彻新发展理念、推动烟草产业供给侧结构性改革的具体体现,是加快产业现代化、促进可持续发展的重大举措,是助推乡村振兴和建设美丽中国的时代担当,对提高烟叶安全性、减少环境污染、提高资源利用率、推动烟草生产转型升级都具有重要意义。

一、贵州省开展STP的必要性

(一)响应生态文明建设的需要

中国共产党第十八次全国代表大会系统性地提出了大力推进生态文明建设的总体要求,强调要把生态文明建设放在突出地位,并将其纳入社会主义现代化建设总体布局,形成"五位一体"的总格局。中国共产党第十九次全国代表大会报告中提出必须树立和践行绿水青山就是金山银山的理念,坚持节约资源和保护环境的基本国策,像对待生命一样对待生态环境,统筹山水林田湖草系统治理,实行最严格的生态环境保护制度,形成绿色发展方式和生活方式,坚定走生产发展、生活富裕、生态良好的文明发展道路,建设美丽中国,为人民创造良好生产、生活环境。农业生产是经济发展的基础与保障,与生态文明建设紧密相连、息息相关,建设农业生态文明直接关系我国农业发展和生态文明建设的进程。推广STP,是贯彻落实生态文明建设的具体体现,是打造性价比更高、安全性更好、可用性更强的贵州山地生态烟草的具体做法,是推动贵州省烟草高质量发展的具体措施。

(二)贯彻新发展理念的需要

党的十八届五中全会提出将绿色发展作为关系我国发展全局的一个重要理念,作为"十三五"乃至更长时期我国经济社会发展的一个基本理念。绿色发展是生态文明建设的重要组成部分,绿色发展的目的是实现可持续发展。

随着工业化、城镇化加快推进,农业水、土等资源日益紧缺与农业面源污染不断加剧等问题凸显。由于化肥、农药的大量施用,烟草发展面临的资源压力日益加大,烟区生态环境亮起"红灯",贵州省烟草生产也到了必须转型升级、实现绿色发展的新阶段。实现烟草可持续发展,要求依靠科技创新改变高投入、高消耗、资源过度开发的粗放式发展,迫切需要依靠科技进步推动烟草绿色发展、生态保育和修复治理,有效防控农业面源污染,推动建立起烟草生产力与资源环境承载力相匹配的生态农业新格局。实施 STP,有利于推进烟草生产废弃物综合治理和资源化利用,把烟草资源过高的利用强度缓下来,面源污染加重的趋势降下来,推动贵州省烟草生产走上可持续发展的道路。

(三)提升贵州省烟草竞争力的需要

近年来,贵州省把"打赢稳定总量攻坚战、优化结构攻坚战、转型升级攻坚战"作为首要任务来抓,烟草生产水平和绿色生产水平大幅提升。但是,贵州省烟叶等级结构不高、品牌不强,与周边省份相比生态特色突出,但烟叶特色彰显不充分,因此,增强贵州省烟草的市场竞争力势在必行。推进 STP,就是要发展标准化、品牌化烟草农业,建立烟草投入品安全无害、资源利用节约高效、生产过程环境友好、质量标准体系完善、监测预警到位为特征的烟草绿色发展技术体系,全面激活烟草绿色发展的内生动力,提供更多优质、安全、特色的烟叶产品,促进烟叶供给由主要满足"量"的需求向更加注重"质"的提高转变。实施 STP,有利于改变传统生产方式,减少化肥、农药等的过量施用,优化烟草产地环境,有效提升产品品质,从源头上确保优质绿色烟叶供给,有效提高贵州省烟叶质量,切实提升贵州省烟叶市场竞争力。

二、贵州省开展 STP 的可行性

(一)贵州省烟叶特色明显

当前,中国、巴西、印度、美国和津巴布韦 5 个国家是全球最主要的烟草生产国,烟叶产量约占全球总产量的 85%。贵州省是我国烟草生产第二大省,烟草主要产区均处于北纬 27°黄金产业带上,是国际公认的优质烟草产区,加上独有的、不可复制的生态资源禀赋,造就了贵州省烟叶的独特风格和优良品质。

长期以来,烟草产业是贵州省经济发展的支柱产业之一,是贵州省农业农村产业体系的重要组成部分,是产业体系最完整、规模优势最明显的特色产业,是决战脱贫攻坚、决胜同步小康的重要力量,其在烟农增收、财政增长和产业扶贫中的作用短期内仍然不可替代。中共贵州省委、省人民政府历来高度重视烟草产业的发展,把烟草产业定位为"政府丢不得、农民舍不得"的产业。2018 年,贵州省人民政府出台了《省人民政府办公厅关于推动全省烤烟产业高质量发展的意见》（黔府办发〔2018〕42 号），明确了支持烤烟产业发展的政策，为烤烟产业在贵州省的持续稳定健康发展奠定了基础。

（二）GAP 的全面推广

2000 年，贵州省就与英美烟草公司开展了 SRTP 工作。2003 年，贵州省开始试点推行烟叶 GAP，经过几年的努力，构建了以基地单元为单位、以烟农专业合作社为载体、以专业化服务为着力点的优质烟叶 GAP 生产技术体系、管理体系、运行模式和保障体系。2015 年以来，烟叶 GAP 在贵州省全面推广应用，GAP 理念已融入烟叶生产、收购等环节。

在生产技术体系方面，贵州省构建了以产品品质、生态维护、员工福利为核心的优质烟叶 GAP 技术体系，有效地将 GAP 的要求融入烟叶标准化生产，解决了 GAP 与烟叶标准化生产"两张皮"的问题。

在管理体系方面，贵州省建立了优质烟草 GAP 过程管理规范，构建了符合优质烟叶生产特点的 GAP 第三方认证体系，创新构建了过程管理、质量追踪、第三方认证的烟叶 GAP 管理体系。

在运行模式方面，贵州省形成了烟叶基地单元推进、烟叶生产网格实施的运行模式，构建了以专业化服务推进 GAP 落实的操作模式，确定了各环节不同专业化服务模式的关键控制点，实现合理分工、专业操作，降低了推广成本，提高了应用效益。

在保障体系方面，贵州省建立省、市（州）、县、站 4 级 GAP 推广体系，形成了基地单元 GAP 推广的设施保障体系。

GAP 的全面推广，促进了贵州省烟草产业的可持续发展，为 STP 的推广应用奠定了基础。

（三）土壤保育有效开展

为解决烟田长期连作、大量施用化肥、长期使用地膜带来的地力退化、污染严重等问题，贵州省聚焦土壤保育，突出抓好精耕细作、土壤培肥、地膜回收利用等有效保护措施的落实，着力做优基本烟田。

一是精耕细作。采用深耕松土、轮作休耕等方式，注重用地与养地相结合，科学地耕作、排水、休耕,重视肥料的应用,保持土壤有机质含量和矿质营养含量的平衡,并不断提高土壤肥力。近年来,贵州省把烟田深翻炕冬、深开沟、高起垄作为关键技术之一在全省全面推广;将烟田轮作作为土壤保育的一项重要生产措施长期坚持,探索出烟草—绿肥—烟草、烟草—水稻、小麦(玉米)—烟草、烟草—油菜—红薯等轮作方式,让土壤在轮作中"休养生息",从而达到改善土壤理化性质的目的。同时,贵州省还加强科技创新研究,筛选拮抗菌,开发烟草专用抗菌剂,降低农药施用率;筛选、提纯给植物提供营养的菌株,有效活化土壤残留养分,加快土壤中养分矿化过程,促进烟株根系发育,降低化肥施用率。

二是土壤培肥。各烟农合作社研究自制有机肥,全面推广有机肥施用。2018年,贵州省在烟草生产上推广应用有机肥15.3万t。同时,贵州省加大绿肥推广力度,调节土壤有机质含量,调整土壤结构,促进土壤微生物的活动,提高烟田轮作效果。2017年,贵州省在烟田中进行绿肥压青面积为3.47万 hm^2。除此之外,贵州省还按照土壤肥力因地制宜确定施肥量、施肥方式、施肥时间,实现精准施肥。

三是地膜回收利用。2013年,贵州省启动了废弃地膜回收试点工作。2017年,贵州省集中处理烟草产业废弃地膜面积为7.13万 hm^2,回收废弃地膜原料7520 t,生产塑料颗粒、育苗托盘等物资2915 t。

(四)绿色防控全面覆盖

为贯彻落实绿色发展理念,降低农药施用率,提高烟叶品质,减少烟草生产对生态环境的破坏,近年来,贵州省烟草产业始终坚守农药"零增长"底线,通过技术创新、体系建设,着重在加大绿色防控推广、严格控制农药施用上狠抓落实,筑牢烟叶品质屏障。

一是强化生态控制。贵州省从培育健康烟株和创造、维护良好的生长环境入手,减少病虫初始侵染源,控制传播途径,并创造有利于害虫天敌生存繁衍、不利于病虫害发生的生态环境,系统地开展清洁生产工作和合理轮作。

二是强化生物物理防治。贵州省引进烟蚜茧蜂防治烟蚜技术,与中国农业科学院共同开展蝎蝽防治蛾类害虫研究,通过"以虫治虫"的方式来进行生物防治,加大物理防治技术的推广,降低农药施用率,保护生态环境。2017年,全省烟蚜茧蜂防治烟蚜技术推广应用面积为12.96万 hm^2。在物理防治技术推广应用方面,贵州省应用色板诱杀技术减少田间虫口基数,减轻虫害;应用太阳能杀虫灯诱杀蝼蛄等。贵州省严格控制农药施用,加强农药采购、供应和施用管控,强化源头治理,杜绝采购和施用多菌灵、甲基硫菌灵等高危险性农药。同时,全省还大力推进专业化植物保护,做到科学用药、规范用药、减量用药。据相关数据显示,近年来贵州省烟叶农药残留控制处于行业领先水平,烟叶安全性得到有效保障。

(五)新能源烘烤稳步推进

为了响应国家环境保护号召,助力贵州省国家生态文明试验区建设,近年来,贵州省积极进行用生物质能、空气源热泵、太阳能等可再生能源替代煤等传统能源进行烟叶烘烤的研究,取得了初步成效。2014 年以来,在贵州省开展了"生物质能在烟叶烘烤中的研究与应用""智能化生物质能烤房及成型燃料的推广应用""新能源烤房对比筛选及配套烘烤工艺研究""密集烤房生物质燃料燃烧设备技术规范优化及变频器应用研究"等项目研究,为生物质能烤房的推广应用进行了大量的技术储备。2017 年,贵州省已拥有生物质能烤房、空气源热泵烤房 1316 间,并开始着手生物质燃料加工厂建设工作。

贵州省还将采取市场化运作模式,积极引导设备生产企业、投(融)资方和烟农专业合作社,充分利用国家相关扶持政策和烟草产业自身优势,有效整合社会各方资源,大力推动新能源烤房改造,逐步完成烘烤设施改造升级工作,落实烟叶烘烤节能减排措施,努力开创烟叶好、烟农富、烟区美的烟草生产新未来。

(六)贵州省有专门的出口烟叶加工专线

贵州烟叶复烤有限责任公司贵阳复烤厂,其复烤打叶设备于 1998 年完成安装并投入使用,生产能力 12 000 kg/h。它是贵州省出口烟叶加工的唯一定点加工厂,多年来主要从事贵州省出口烟叶加工工作,熟悉主要国际卷烟制造商对烟叶加工的要求和标准,建立了完善的出口烟叶加工体系,加工的出口烟叶质量得到了客户的充分肯定。

贵州省特色的生态资源禀赋、优质的烟叶质量、完善的绿色生产技术体系及保障体系、完善的加工体系,为 STP 的推广应用奠定了坚实基础。

第三节 STP 内容介绍

一、STP 体系组成

STP 涵盖卷烟工业中各种类型烟叶原料的生产和加工,分为加工部分和农艺部分。加工部分涵盖管理、工厂、环境和人员四个领域,农艺部分涵盖管理、作物、环境、人员四个领域。

每个领域下分为条,条目下的标准叫一级标准或条标准;有的条下再分款,款目下的标准叫二级标准或款标准。

一级标准结构:

条目内容

    标准(一级标准或条标准)

      指南

        指南问题

          补充指南

            指标

二级标准结构:

条目内容

    指南原则

      款目内容

        标准(二级标准或款标准)

          指南

            指南问题

              补充指南

                指标

标准用于衡量供应商的实践与指南原则、指南的相符程度,是对供应商进行的考核。

指南是指实现标准应遵循的步骤。

指南问题是以提问方式询问是否完成项目并且做到完全按指南要求完成。

补充指南是用于指导在线评估或评价时,评估人或评价人如何解决 STP 要求的另外信息。条目前的补充指南是针对整个领域的,条目或款目内的补充指南是针对条目或款目的。

指标是提供一种简单可靠的方法衡量项目完成情况的定量因素、定性因素或可变因素,并且反映 STP 相关标准的变化,或帮助基于 STP 要求的评估的实施。

指南原则是要求烟草公司和烟农实现的预测目标。

表 1－1 是 STP 农艺部分四个领域的条目、一级标准、款目、二级标准和指标的统计结果,共有条目 35 条、一级标准 11 条、款目 93 条、二级标准 93 条、指标 457 项。表 1－2 是 STP 加工部分四个领域的条目、一级标准、款目、二级标准和指标的统计结果,共有条目 38 条、一级标准 15 条、款目 65 条、二级标准 65 条、指标 507 项。

表 1－1 STP 农艺部分统计结果

领　域	条目/条	一级标准/条	款目/条	二级标准/条	指标/项
管　理	12	11	3	3	85
作　物	6	0	31	31	149
环　境	9	0	24	24	103
人　员	8	0	35	35	120
总　计	35	11	93	93	457

表 1－2 STP 加工部分统计结果

领　域	条目/条	一级标准/条	款目/条	二级标准/条	指标/项
管　理	11	11	0	0	69
工　厂	15	0	44	44	94
环　境	6	0	15	15	85
人　员	6	4	6	6	259
总　计	38	15	65	65	507

二、STP 特点

与 GAP、SRTP 相比,STP 具有如下特点。

(一)外延更广、内涵更深

GAP 和 SRTP 主要关注烟草生产环节,STP 涵盖了烟草生产和加工。STP 不仅包含了 GAP 中烟草生产的全部标准,涵盖了 SRTP 中烟草产业需要承担的社会经济责任,同时还新增了管理领域,将人员和环境单独提升至领域层面,细化完善了各领域内容。

(二)以管理为统领

STP 将管理提升为一个领域,起统领作用。管理领域要求 STP 实施单位要配置充足的人力、物力和财力保证 STP 的实施,为其他领域的实施提供了强有力的保障。

(三)以风险评估为先导

STP 把风险评估作为工作的起点。对照 STP 指标进行风险评估,找出存在的问题,以解决问题为导向,拉开工作的序幕。

(四)以工作方案制订和培训为切入点

针对存在的问题,制订切实可行的实施方案,根据方案要求逐级培训,让所有相关人员知晓需要解决的问题和相应方法。

(五)以组织实施为抓手

STP 强调组织实施,强调实施的及时性和正确性。

(六)建立了完善的监督机制

以技术人员数据采集、管理层突击访问、供应商自评估和第三方评估四个层级为监督体系,保证监督实施的及时性和真实性。

（七）应用 PDCA 循环工作法，持续改进

通过风险评估、找出问题，制订方案和进行培训、组织实施、监督检查，持续改进。

（八）以信息化系统和"互联网＋"技术为依托

STP 在农艺部分以烟农为最小评价单元，为方便技术人员向烟农推广技术资料和进行数据采集、管理人员突击访问、供应商自评估、第三方评估，需要信息化系统和"互联网＋"技术的支撑，实现数据采集的真实性和上传的及时性，方便检查和查询，减少各级人员工作量。

（九）在农艺部分以烟农为最小评价单元

GAP 和 SRTP 以烟草公司或烟区为评价单元，而 STP 除了对各级供应商、烟区进行评价，更主要的是以烟农乃至其雇用的工人为对象，把评价单元前移至生产初端，从源头上规范烟草生产行为。

三、立即整改和常规整改

STP 将作物（工厂）领域、环境领域和人员领域中一级、二级标准下的指标分为立即整改项和常规整改项。

立即整改项是风险评估中严重性高和较高的指标，一旦发生，将会对作物（工厂）领域、人员领域和环境领域造成严重危害，经传播会造成巨大的社会负面影响；一经发现，需立即停止其行为，进行整改。

2019 年 7 月，菲利普·莫里斯国际公司将立即整改项细分为类型 Ⅰ 和类型 Ⅱ。立即整改项类型 Ⅰ，一经发现，需立即停止其行为并进行整改。例如：有 18 岁以下的未成年人参加与烟草相关的危险工作，有 16 岁以下的儿童参加任何与烟草相关的工作，农药的储存方式不当可能导致健康风险或可能导致事故发生，农药包装物被用来储存水或被用作其他用途，18 岁以下的未成年人或孕妇及哺乳期女性进行接触有害物质的操作，雇工或烟农使用和处理农药时佩戴破损的个人防护装备，高空作业时无安全保护设施，歧视雇工，强迫工人超时工作，等等。立即整改项类型

Ⅱ,一经发现,需立即停止其行为并限期尽快整改。例如:支付给雇工的工资低于当地最低工资标准,未按期支付雇工工资,烟农与雇工达成的协议违反国家相关法律规定,在田间随意丢弃农药包装物。

常规整改项为风险评估中严重性中或低的指标,一旦发生,对作物(工厂)领域、人员领域和环境领域造成的影响不严重,不会造成巨大的社会负面影响;发现后,应给出合理的时间进行整改。

四、最佳措施和关键指标

STP农艺部分,根据指南要求,有些指标需要明确最佳措施,所定义的最佳措施需要满足指南的要求。在最佳措施中需要确定一个关键指标(可以选择两个),技术人员采集数据时只针对关键指标进行采集,后续突击访问、自评估和第三方评估则通过关键指标来衡量和评估所对应事项的实施情况。

同一标准下同一指标的最佳措施和关键指标可能因不同生产区域或烟农类型而异,因此不同生产区域要制定自己的最佳措施和关键指标。STP实施单位可以明确两个最佳措施,但要明确遵循每一种最佳措施的烟农数。

对烟草公司明确的最佳措施和关键指标,国际卷烟制造商有权同意或否定。

第四节 风险评估

风险评估是STP的重要部分,是农艺部分和加工部分中除管理领域外的作物(工厂)领域、环境领域、人员领域的关键指标。各领域所有指标的风险评估将由同一个团队或个人进行,以确保采用相同的方式确定风险等级。STP指标的风险评估按以下四步进行。

一、识别风险

在未采取任何控制或整改措施的情况下识别出每项指标可能出现的所有风

险;供应商对作物、环境和人员三个领域的各标准逐项进行风险评估。在识别每项标准存在(潜在)的风险时,应考虑该标准的指南,分析风险的危害及将会对什么产生影响和如何影响。识别风险包括两个方面(见图1-1),一是识别风险出现的可能性,二是识别风险的严重性,且都应在未采取控制或纠正措施前进行识别。

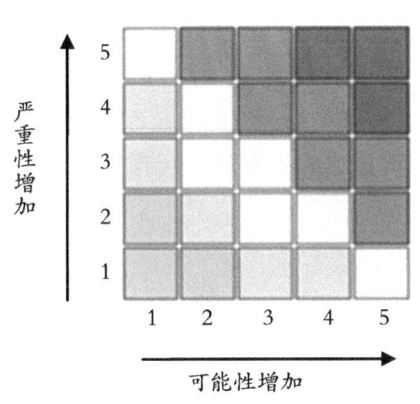

可能性	严重性
5:很高	5:很严重
4:高	4:严重
3:一般	3:中等
2:较低	2:轻度
1:低	1:轻微

图1-1　风险识别

二、计算风险等级

将风险可能性和风险严重性相乘,即得到风险级别值,根据风险级别值可确定风险等级。风险等级分为四个等级(见图1-2)。

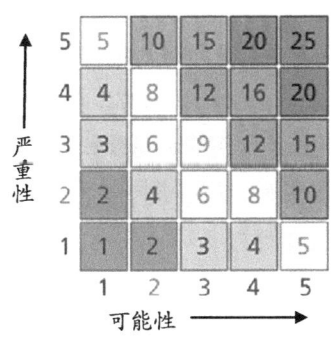

Ⅳ	不可接受	16<风险值≤25	制定措施	立即行动
Ⅲ	可容忍	10<风险值≤16	制定措施	限期整改
Ⅱ	勉强接受	5<风险值≤10	无需整改	继续提高
Ⅰ	可接受	风险值≤5	无需整改	保持措施

图1-2　风险等级

三、制定及实施整改措施

制定整改措施和确定整改完成期限,对已实施过整改方案的标准的风险重新进行评估。

四、定期进行风险评估

每年进行一次风险评估,若有变化要对相关标准重新进行风险评估。重新评估后,确保及时更新评估值。

第五节　自评估和第三方评估

评估指根据 STP 农艺部分和加工部分中各领域的标准要求,评估烟草生产和加工过程中 STP 各项标准的完成情况,而各项指标的权重由国际卷烟制造商根据不同时期的工作重点要求确定。评估分为自评估和第三方评估,自评估由供应商完成,第三方评估由第三方独立机构完成。评估有两个作用:一是检查供应商自评估的准确性,二是检查供应商 STP 的实施情况。

2020 年以前,国际卷烟制造商委任第三方英国 AB Sustain 公司对供应商及其烟区进行评估。英国 AB Sustain 公司的评估将在卷烟制造商的监督下进行,对同一个供应商每三年进行一次评估,评估一般在 7 月进行,会至少提前 3 个月通知供应商。评估内容包括两项:一是对照 STP 标准内的指标逐项评分,评估分值反映 STP 实施情况,评估时采取查看文件和资料、进行田间(或工厂)实地调查和访问烟农相结合的方法;二是对照 STP 一级标准或二级标准的指标,逐项对供应商自评估结果的准确度进行评估,评分结果反映供应商对 STP 的理解程度。

STP 要求供应商每年进行自评估。2020 年前,英国 AB Sustain 公司的评估系统每年 1—11 月对供应商开放,11 月 30 日关闭。供应商要在每年 11 月 30 日前完成自评估,在系统关闭前,供应商可以随时更新自评估结果。

供应商的自评估和第三方的评估受到国际卷烟制造商的监督。

第二章
贵州省 STP 农艺部分管理领域实施成效

第一节 管理领域主要内容

烟草公司作为实施 STP 的第一主体,应该在实施 STP 各项计划之前制订实施方案,明确管理领域实施内容、成效要求等,确保管理过程高效、有序、严谨。管理领域起统领作用,只有在实施好该领域各项指标的前提下才能确保其他领域指标的完成。管理领域有 12 条、3 款,有 11 条一级标准和 3 条二级标准、指标 85 项。12 条和 3 款的主要内容如下。

(一)烟草公司政策

烟草公司出台相应的政策来保证 STP 的有效实施。

(二)书面规程和记录

烟草公司制定和实施一套书面规程来满足 STP 的要求,并进行记录及妥善保存。

(三)诚信经营

烟草公司必须诚信经营、遵守法律,禁止行贿受贿和欺诈等行为。建立让员工举报涉嫌与业务诚信有关的不当行为的机制,举报过程应该是安全的、匿名的,确保举报员工不受任何影响。

（四）STP 机构

烟草公司应该具备充分、有序的管理结构,以及训练有素的员工队伍,以确保STP 按要求实施。同时,一个人可以任职不止一个 STP 岗位;除了参与 STP 工作外,还要承担其他职责。在任何情况下,应提供足够的资源确保 STP 有效实施。

（五）利益相关者参与

烟草公司应与利益相关者(烟农、烟农合作社等)合作,他们能提供专业帮助,以帮助解决有关 STP 的问题。

（六）STP 主要实施人员的培训

烟草公司根据 STP 作业标准确定培训需求和培训相关人员。

（七）烟农对相关 STP 标准的理解

烟草公司运用访谈方式,即通过田间技术人员对烟农进行访问和技术培训等,确保烟农充分认识和理解 STP 相关标准。

（八）烟草种植收购合同

烟草公司与烟农签订烟草种植收购合同,以体现烟农有生产可持续烟草的责任。公司与烟农间应该有书面合同,并且从烟草种植开始就生效(从烟苗生产或烟苗购买开始)。该合同包括种植可持续烟草的协议,同时烟农需遵守烟草公司相关书面规程、政策及技术指导。

（九）立即整改

烟草公司要及时、有效地处理所发生的立即整改项,明确作物、环境、人员三个领域中的立即整改项及其处置预案。

（十）突击访问

为确保收集数据的真实性,烟草公司应当安排充分了解 STP 标准、但烟农不熟悉的人员对烟区进行突击访问。突击访问的目的是确保所收集数据的有效性,以

及确保能有效反映 STP 标准实施情况的所有收集数据具有普遍性和正确性。

（十一）可追溯性

烟草公司要确保来自烟农的原烟加工成品烟的可追溯性。要求所有产品都能够追踪至烟草基地单元，并确保来自烟草基地单元层面的问题都可以得到解决，例如农药的不合理施用、低劣产品等。

（十二）烟农的经济效益

STP 要求烟草公司主动与烟农合作，提高烟草种植的效益，包括计算烟草的生产成本、替代作物的收益比较、烟农种植烤烟的纯收入，详见表 2 – 1。

表 2 – 1　烟农的经济效益

款　目	标　准
生产成本	对包括所有投入和用工在内的烟草生产成本进行综合分析，用工包括烟农和自己的家庭用工
替代作物的收益比较	将烟农种植烤烟的收入与已种植或可能种植的其他作物的纯收入进行比较
烟农种植烤烟的纯收入	确保烟农烤烟销售收入大于生产成本，让烟农有可持续的经济利润盈余

第二节　STP 解读及本土化

STP 是由国外卷烟商提出的，故要使 STP 的内容符合贵州省的生产环境，就必须在围绕 STP 核心的基础上，根据贵州省实际情况开展各项 STP 工作。2016 年，中国烟草贵州进出口有限责任公司选取 STP 的部分内容在贵州省开始进行试点；2017 年，中国烟草总公司贵州省公司 STP 项目组对 STP 进行逐条解读。按照中国相关法律法规要求，结合贵州省实际情况和试点成果，将 STP 本地化。

一、政策保障

针对 STP 的各项要求,烟草公司需要制定和实施一套书面规程。书面规程是一个结构化和认证的质量管理体系的一部分,或是作为国家、行业或公司计划的一部分。STP 的实施需遵循以下几点要求:

(1)STP 推行必须遵守我国的相关法律法规。

(2)在国家烟草专卖局相关政策规定范围内,烟草公司将配置充足的人、财、物资源,确保顺利进行本产区 STP 试点和推行工作。

(3)烟草公司将从点到面对相关人员进行 STP 知识培训,确保相关人员充分了解与其工作相关的 STP 内容。

(4)烟草公司应按照《中华人民共和国劳动法》和《中华人民共和国劳动合同法》,大力推进 STP 实施。

(5)烟草公司应采取措施防止未成年人参与不适宜的劳动。

(6)烟草公司应采取措施为雇员、合同方和来访人员提供健康和安全保障。

(7)烟草公司应按照《中华人民共和国环境保护法》,大力推进绿色生产,保护烟区环境;对土壤生物多样性开展研究,根据研究结果制定相关保护措施。

(8)烟草公司承诺按照国家关于温室气体排放的相关要求,大力推进可再生能源的使用,严格控制碳排放。

(9)烟草公司就特定的 STP 相关政策正式下文。

(10)烟草公司将于每年年底对 STP 实施政策的适应性进行审核和改进。

二、书面规程和记录

按照 STP 的记录要求,涉及的规程都需要记录在案,主要包括以下几点:

(1)按相关要求得到 STP 项目组负责人的批准,并署有日期和签名。

(2)保证书面规程操作人员能够容易领取和理解。

(3)至少每年进行一次审查和修改,以反映对本公司经营有影响的任何重大变化。

(4)至少每年进行一次内部核查,以确认公司的做法与书面规程一致。调查结果要提交至质量管理层,且记录并实施任何必要的纠正措施。

STP 文档化的具体实施要求:

(1)STP 项目的所有文件、方案、规程都应符合国家相关法律和地方规定,包括 STP 项目的培训计划、立即整改方案、突击访问方案,以及环境领域的关于水、土壤、大气和田间污染物的计划和办法等。

(2)所有文件、方案的发布和实施都应符合国家相关文件发布标准;公司在下发与 STP 相关的书面规程时,要注明下发日期并盖章;确保每个 STP 操作人员能够领取与其相关的 STP 书面规程,并对 STP 操作人员进行培训,使其理解相关内容。

(3)所有 STP 调查(如立即整改调查、突击访问调查等)要做好记录并妥善保存,关于非烟物质、种植成本、收益、水质监测、田间污染物等的文件的保存都要符合相关标准。

(4)记录保存期至少 2 年,须在良好的条件下保存,严防损坏或遗失。

(5)至少每年对烟草公司的书面规程进行一次内部评估,以确保公司的做法与书面规程一致,记录纠正措施,提交评估结果给 STP 决策层。

(6)每年至少要对公司的 STP 书面规程进行一次适宜性评估。

三、诚信经营

在诚信经营方面,烟草公司需要确保遵守国家和地方所有适用的法律法规、规章和相关要求。

(1)禁止行贿受贿或其他变相行贿受贿行为。

(2)《中华人民共和国烟草专卖法》规定的属专卖品以外的物品经营活动中提倡自由竞争,反对垄断行为。

(3)反对任何形式的洗钱等犯罪行为。烟草公司内不得为犯罪存放资金、掩藏资金和整合资金,需按照财务管理制度对财务进行管理。

(4)严格按照国家宪法、法律法规和规章合法经营,严禁非法经营。

(5)在国家宪法、法律法规和规章的范围内,烟草公司大力倡导保障个人权利;做好工会工作,引导和扶持烟农成立合作社等组织。

(6)按照国家倡导建设和谐社会的要求,烟草公司倡导建设和营造和谐的工作氛围;在工作中人人平等、互相尊重,同事之间不使用侮辱性、攻击性、诽谤性的语言;员工之间若发生矛盾,应通过沟通求同存异、相互体谅。

(7)利益冲突。如因烟草公司出台的政策影响了个别或部分职工的利益,职工可向工会或相关部门申诉;工会及相关部门在接到申诉后应及时调查,并向公司汇报调查结果,公司应实事求是地对申诉事项进行处理。

(8)严格接待与礼品制度。

(9)对联合国安全理事会做出的相关制裁决议,烟草公司应坚决执行;对联合国安全理事会做出制裁决议要求不与其发生经济贸易的国家,均不得通过任何方式和途径与其直接或间接发生贸易关系。

(10)烟草公司经营记录应严格按《中华人民共和国会计法》的相关要求做到真实、准确、程序合法合规。

(11)烟草公司应建立安全的匿名举报机制,使员工安全、自由地举报不利于公司诚信经营的不当行为。

(12)按审计规程进行分级审计,对审计发现的问题进行记录后整改。

(13)审计报告应提交上一级管理层审核。

四、应急预案

应明确作物、环境、人员三个领域中需要及时采取行动的具体事项,即立即整改项。例如,以下几个方面是人员领域中的立即整改项:雇工身体或精神健康可能处于危险中,儿童、孕妇和老年人等弱势群体处于危险中,或雇工不能自由离职。

(1)立即整改项覆盖作物领域、环境领域、人员领域及其他。

(2)发现立即整改项或其他可能带来危险的情况,要及时进行记录,同时与农户沟通,立即停止和改正该行为。

(3)在工作中发现立即整改项要及时记录,每年年终要统计上报 STP 管理层。

五、STP 知识培训

由中国烟草总公司贵州省公司烟叶管理处、中国烟草贵州进出口有限责任公司牵头组成 STP 实施小组,以黔西南布依族苗族自治州(安龙县、兴义市)、遵义市(播州区)、毕节市(纳雍县)、黔南布依族苗族自治州(瓮安县)、黔东南苗族侗族自治州(施秉县)、铜仁市(德江县)和六盘水市(盘州市)7 个烟区作为示范地,同时还有南京农业大学、南京国环有机产品认证中心加入,以及联一国际公司相关专家给予技术指导,形成产、学、研相结合的组织模式,充分发挥各方的优势,以促进知识共享。

培训初期,烟草公司邀请了国内外专家召开培训会,对实施小组成员进行 STP 相关知识介绍,再由参会人员将培训内容传达给其他工作人员,有效推进 STP 的顺利实施,规范项目的管理和落实。培训期间,中国烟草贵州进出口有限责任公司和中国烟草总公司贵州省公司烟叶管理处联合贵州省烟草学会,邀请外国专家以电视电话会议形式举办贵州省 STP 培训会,将 STP 的先进理念传递给全省烟草行业相关人员。

STP 主要是以烟农为监测单位,烟农是烟草的直接生产者,其生产管理直接影响烟叶的质量及烟区的生态环境。烟草公司需要对烟农承担一定的社会责任,让烟农认识到 STP 的主旨和内容不仅仅是指导生产,同时也是管理领域的一项标准。对烟农的培训由烟叶站工作人员组织,培训内容包括大田种植与管理、烟区生态环境保护措施,以及维护自身权利与承担相关义务等,最后采用卷面测试的方式考核烟农对 STP 的理解程度。

六、可追溯性

可追溯性可解释为追溯所考虑对象的历史、应用情况或所处场所的能力;当考虑产品时,可追溯性涉及原材料和零部件的来源、加工过程的历史、产品交付后的分布和场所。可追溯性的内涵主要包含以下几点:

(1)追溯是个过程,所考虑对象可以是一项活动、一个产品、一个机构或一个人;当所考虑对象是产品并且以追溯产品质量为目标时,追溯过程被称为产品质量追溯。

(2)追溯包含正向追踪和逆向溯源双重含义。

(3)可追溯性是一种追溯的能力,在质量管理中往往通过标牌、记录等手段使追溯对象具有特定的标识,以便需要时可追查其产地、操作者、加工过程等情况。

STP 希望所有烟叶产品都能够追踪至烟草生产基地,这样任何来自烟草生产基地的问题都可以得到解决,例如农药的不合理施用、低劣产品等。烟叶的追溯系统分为产区与工厂追溯两个部分。产区部分由生产系统、收购系统及数据收集系统组成。生产系统含育苗管理、物资管理、生产管理、专业化服务、灾害管理、督导管理及合同管理7项内容;收购系统是对烟农将烟叶交售到工厂加工之前的流通管理;数据收集系统是对生产系统及收购系统的数据进行收集分析,以此来反馈管理水平及对后期工作起到指导作用。工厂追溯体现在两个方面,一是从下游供应链到上游供应链的追溯,即为追溯记录烟叶产品的种植及加工过程;二是从供应链上游到下游进行追踪,即烟草生产或复烤企业根据已有的记录和标识寻找特定产品当前所处的位置和可能去向。

七、烟农经济效益计算

在我国的烟草专卖体制下,烟草生产不同于其他农产品,烟农种植烟草需要与烟草公司签订种植收购合同后才能进行,种植规模受到严格控制。随着近年来烟草产业面临的压力不断增加,烟草种植面积只降不增,同时农村空心化、农村人口老龄化程度加重,农村劳动力日渐萎缩。因此,面对烟草种植规模不断减少、人力资源成本上升、农业科学技术水平逐步提高、生产资料及其他辅助性资料成本波动等情况,只有准确、系统地分析烟草种植成本,把边际效益掌控在一定的合理范围之内,在具有一定的比较优势之下,烟农种植烟草才有价值。同时对于烟草公司而言,保证合理的收益也是实现烟草可持续发展的重要途径之一。

烟农种植烟草净收益为烟草销售总收入减去烟草生产总投入,其中烟草生产总投入包括烟苗购买成本、劳动力成本、土地成本等。

第三节 管理领域工作现状及措施

一、公司政策

贵州省从2016年起开展STP初步试点工作。2017年起,贵州省STP试点工作以课题形式进行,结合贵州省实际,探索STP本地化,用2~3年时间形成GZ – STP模式。具体见图2-1、图2-2。

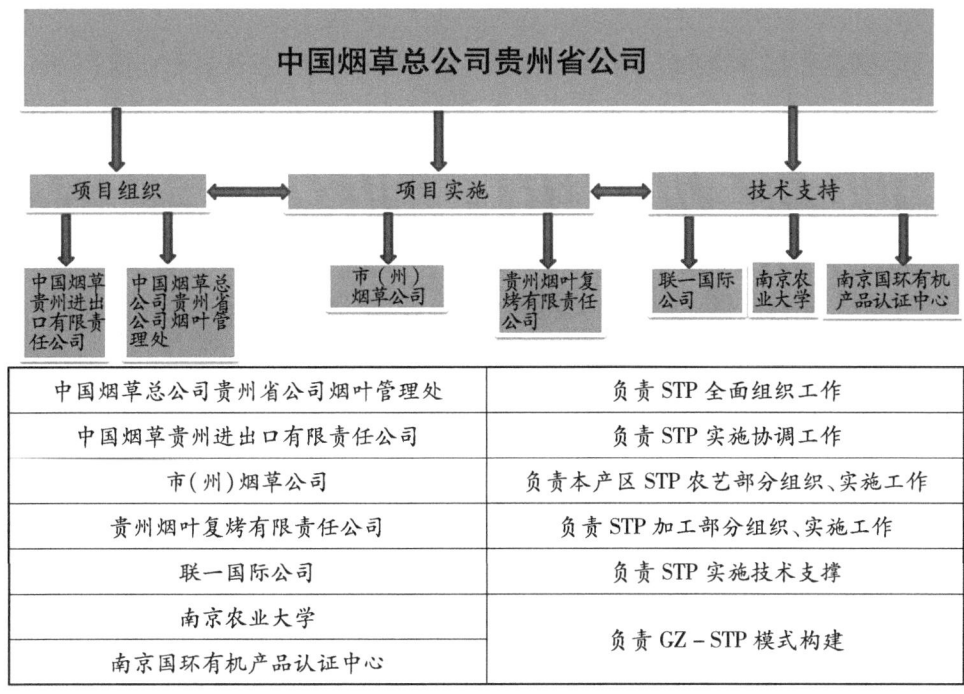

中国烟草总公司贵州省公司烟叶管理处	负责 STP 全面组织工作
中国烟草贵州进出口有限责任公司	负责 STP 实施协调工作
市(州)烟草公司	负责本产区 STP 农艺部分组织、实施工作
贵州烟叶复烤有限责任公司	负责 STP 加工部分组织、实施工作
联一国际公司	负责 STP 实施技术支撑
南京农业大学	负责 GZ－STP 模式构建
南京国环有机产品认证中心	

图 2－1　贵州省 STP 工作产、学、研协同创新图

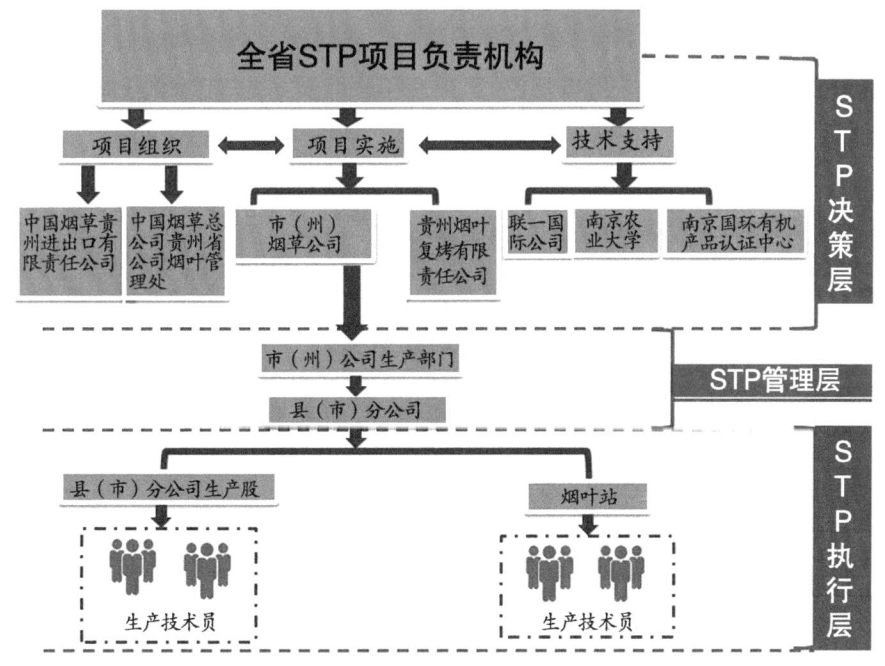

图 2－2　贵州省 STP 工作组织框架图

在开展试点工作期间,《STP 指南》要求在公司现行体系文件中有支撑条款的,以相关条款为准;在公司现行体系文件中没有支撑条款的,按照 GZ – STP 课题组要求,相关单位再制定本单位 STP 相关规定。公司政策由公司正式下文执行,公司承诺将于每年年底对政策的适应性进行审核,以满足《STP 指南》要求。《STP 指南》适用范围为本公司及下属单位 STP 试点和推广工作。相关单位应按照规定及时采用《STP 指南》升级版本,每年至少对《STP 指南》进行一次适应性评估。

二、书面规程和记录

中国烟草总公司贵州省公司出台了《贵州省烤烟标准体系》等书面规程,充分借鉴了国家和行业有关标准要求及发达国家关于烟叶质量的理念,为保障烟叶质量提供了标准支撑。这些书面规程将贵州省烤烟生产的产前、产中、产后等各个环节都严格置于标准规范的监控中,形成了较为完善的烤烟综合标准体系,为贵州省实施烤烟标准化生产和管理提供了依据,对推动贵州省现代烟草农业建设及烤烟生产可持续稳定健康发展具有重要意义。

《贵州省烤烟标准体系》总结了贵州省多年来烤烟生产技术和管理的成功经验,既反映了贵州省烟叶的风格特色,又体现了现代技术的应用,具有较强的创新性、科学性和可操作性,为贵州省烟草的生产加工和市场竞争提供了技术支撑和管理保障。《贵州省烤烟标准体系》以与烤烟有关的管理文件和技术标准为主体,引用《烟草行业农业标准体系(YC/Z 290—2009)》,分为 3 个层次。

第一层次:引用《烟草行业农业标准体系(YC/Z 290—2009)》内的 163 个标准,其中,国际标准 1 个、国家标准 29 个、行业标准 99 个、非文本标准 5 个、其他法律法规 29 个。

第二层次:制定与烤烟有关的管理文件 23 个,包括科技管理文件 7 个、烤烟生产经营管理文件 7 个、基础设施建设文件 9 个。

第三层次:制定了 39 个地方标准和 61 个企业标准,分基础标准、环境条件与生产资料、生产技术、现代烟草农业、产品标准与质量监控、复烤加工、生产营销服务 7 个部分。

三、诚信经营

贵州省烟草公司各市(州)公司都成立了纪检监察科,各县(市、区、特区)分公司领导班子中都有纪检组长,并且省、市(州)、县(市、区、特区)各级公司都有举报信箱、电话和电子邮箱,确保诚信经营。各烟叶站都有公示区,烟农物资发放、烟叶收购、补贴发放各环节都公开透明,烟草种植收购合同文本后也附有监督电话,明确告知监督渠道。贵州省烟草生产坚持规范与效率并重,通过管控合同、生产、物资、收购、补贴等环节,确保诚信经营,构建并完善了推动烟叶高质量发展的组织管理体系。

四、利益相关者参与

为推动烟草生产规模化、集约化、专业化,贵州省从发展现代烟草农业以来一直注重烟农合作社建设工作,探索了"种植在户、服务在社"的生产组织模式。由烟农合作社组织劳动力,按照"单元化组织、网格化服务"模式,围绕育苗、机耕、植物保护、采收、烘烤、分级等用工量大、技术复杂的环节,为烟农提供专业化服务。截至 2019 年,贵州省已建成 120 个烟农专业服务合作社,其中省级示范社 72 家、全国烟草行业示范社 21 家,培养专业服务人员 5 万余人。

在烟农合作社建设过程中,强化了烟草公司引导、指导、服务与监督职能,帮助烟农合作社提升经营管理能力。严格规范烟草公司职工行为,严禁烟草公司职工兼任烟农合作社职务、干预烟农合作社决策、参与烟农合作社经营、经手烟农合作社财物;严禁烟草公司职工与烟农合作社内外勾结,套取补贴,损伤烟农利益;严禁烟草公司职工在烟农合作社领取报酬、报销费用、借物借款等。

五、人员培训

在 STP 实施初期,中国烟草总公司贵州省公司烟叶管理处联合中国烟草贵州进出口有限责任公司,多次组织邀请联一国际公司农艺师团队对贵州省 STP 决策层召开培训会、《STP 指南》解读会,对决策层成员进行 STP 体系讲解,再由参会人员将培训内容传达给其他工作人员,有效推进 STP 的顺利实施,规范项目的管理。

在市(州)、县(市、区、特区)、烟叶站 3 个层次,对 STP 项目关键人员开展多种形式的培训(见图 2 - 3),包括组织"STP 讲座"电视电话会议、参加联一国际公司农艺师团队举办的相关讲座、在实施项目过程中学习与培训等。通过横向到边、纵向到底的培训体系,STP 项目工作队伍已经能较准确把握 STP 内容和要求。STP 培训内容具体见表 2 - 2。

图 2 - 3　对 STP 项目关键人员进行培训

表 2 - 2　STP 培训内容

序　号	培训内容
第一阶段	(1)STP 项目意义、目标任务、基本模块介绍; (2)标准化生产,专业化育苗,育苗盘回收处理,苗床残留物处理; (3)土壤保育保护计划,禁止在水体附近配置农药; (4)用工管理规定,禁止使用童工; (5)危险工作清单; (6)用工须知; (7)禁止私自育种,服从品种种植安排,按时提交种植申请单。

续表

序 号	培训内容
第二阶段	(1)烟草鲜叶病(Green Tobacco Sickness, GTS)知识普及和预防措施; (2)紧急救护电话120,报警电话110; (3)烟草害虫天敌繁育措施科普; (4)水资源保护知识科普; (5)减少煤炭使用的措施; (6)减少烟草特有亚硝胺含量的措施; (7)减少温室气体排放的措施; (8)可再生基质的知识普及; (9)生物多样性知识普及; (10)统一采用膜下小苗移栽方式,并在规定期限内完成,移栽工作纳入烟农考核; (11)测土配方施肥、增施有机肥,施用烟草公司发放的化肥,禁止施用其他化肥,禁止施用未腐熟的农家肥,农家肥补贴须在抽检合格后才可发放; (12)废弃地膜、塑料、非危险性废弃物、危险性废弃物、农药包装物的回收、储存、处置和利用; (13)机械化作业的优势,专业化的补贴政策; (14)积极协助病害调查技术员的工作,完成农药施用记录的填写; (15)合同预签工作的说明; (16)打顶、抹杈的技术要求; (17)不适用烟叶称重销毁的技术要求。
第三阶段	(1)烟蚜茧蜂放蜂注意事项,放蜂后1周内禁止施用农药; (2)黄蓝板和性诱剂的田间使用; (3)农药的安全施用和储存; (4)确定农药安全间隔期,设立警示标志; (5)经济阈值知识普及,必要的情况下施用中等毒性的农药; (6)成熟采收; (7)推荐施用农药清单培训(仅针对本烟区常用的农药种类),禁止施用推荐清单外的农药; (8)采烤期前2周禁止打药; (9)交售前准备工作,禁止使用塑料绳捆扎烟草; (10)烟农成本计算知识普及; (11)烟农经济效益计算知识普及和补贴政策; (12)生物质能探索及专业化烘烤知识普及; (13)初烤烟的堆捂醇化技术; (14)非烟物质控制相关知识及流程; (15)异味的控制相关知识及流程; (16)烤房维护工作的技术要求; (17)烟秆在采收烘烤结束15 d内拔除; (18)配合烟叶生产技术员完成烤房容量清点工作; (19)配合烟叶生产技术员完成燃料使用记录工作。

采取灵活、高效的方式对试点单位(烟叶站)烟农进行培训。通过发放 STP 烟农宣传手册向广大烟农进行 STP 知识科普,召开烟农院坝会时穿插介绍 STP 相关核心内容,召开生产技术现场会时宣讲 STP 生产理念和安全生产注意事项,并且按生产节令分阶段采用卷面测试的方法检验烟农对 STP 的理解程度。通过全覆盖、多角度的培训,烟农对 STP 要做到应知应会,并在生产过程中践行 STP 生产理念。

六、烟农合同签订

烟草种植收购合同是烟草公司与烟草生产主体签订的明确双方权利和义务的书面文本。烟草公司的职责是按合同签订量向生产主体供应配套的烟草生产物资,兑现本年度烟草生产投入补贴,提供生产技术培训和技术咨询服务,根据国家烟叶收购标准和价格按合同收购烟叶,委托金融部门以电子结算方式支付烟叶款。烟草生产主体的职责是按技术方案要求开展烟草生产、优化结构、购买和使用烟草生产物资,并及时准确报告烟草生产相关信息;对初烤烟叶进行去青去杂、分类打捆,按约定时间、地点、数量交售烟叶,不跨站出售烟叶,不倒买倒卖烟叶,不转借合同或 IC 卡。烟草种植收购合同明确了双方责任、权利和义务,约定了烟草种植面积、品种和株数,投入补贴项目与数量,烟叶收购数量,上等烟、中等烟和下低等烟数量和比例,并注明收购价格、交售地点、烟农身份证号码、开户银行和账号。

烟草公司有责任维护烟草种植收购合同的规范性、严肃性、真实性。各级烟草公司应确保烟草种植收购合同的规范性,严把种烟申请关、合同签订关、移栽核实调整关,对烟农种烟资格、种植面积严格审核以确保真实。移栽结束后,依据合同签订情况,对烟农种植面积、品种进行认真核实,种植面积不实的要及时进行调整。各级烟草公司应确保烟草种植收购合同的严肃性,严格签订程序。各烟叶站约时、定点、集中签订合同,监督员、收购线负责人、网格管理员、烟农当面签订合同,合同签订到户、发放到户。规范合同文本填写和签订工作,加强相互监督,坚决杜绝虚合同、假合同、空合同。落实公示制度,在签订正式合同后,各站点将每户烟农的种植面积、种植品种、种植区域等信息分村(社)进行集中公示,促进烟农相互监督,对有群众提出异议的农户重新核实后统一调整合同。各级烟草公司有责任确保烟草种植收购合同的真实性,成立检查考核小组,全过程监督合同签订工作,禁止多种少签、少种多签、签而不种等情况。

贵州省烟草产区在施行 STP 时,针对在正式烟草种植收购电子合同中未体现的部分 STP 要求,在 STP 试点范围内,会在烟草种植收购电子合同后附上补充协议,即 STP 试点烟农承诺书(见图 2-4),以确保烟农按照 STP 要求进行种植,遵守公司关于 STP 的书面规程及技术指导。

STP 试点烟农承诺书

_____烟草分公司_____烟叶站:

_____收购线(点)片区生产管理员_____:

我是_____(姓名),家住_____镇(乡)_____村_____组,为做好 2017 年烤烟 STP 生产工作,本人自愿做以下承诺:

1. 在烟草生产过程中,严格遵守《烟草专卖法》,按照烟叶站批准的种植面积和品种,坚持计划种植、合同收购。

2. 严格按照烟草部推广的适用技术落实标准化生产。

3. 在烟草生产过程中严格按照烟草公司的要求施用农药,仅施用推荐在烟草上施用的农药,保证按说明书剂量施用,施用农药至采烤有合理的间隔时间。施用或者准备农药的过程中,要穿戴相关的防护装备。

4. 烟草生产过程中,废弃农药及包装物、剩余废药液、打下的烟花烟杈、不适用鲜烟叶与烤后不适用烟叶、废弃地膜、烟株残秆等废弃物,应严格按《烟草可持续发展(STP)生产技术方案》之相关要求,做到及时清除、规范处理、及时回收,不污染土壤和水源等自然环境。

5. 使用未污染、无异味的场所,洁净的器具、车辆储存和运输烟叶。如本人违规操作导致烟叶出现安全责任,经查实后,我愿承担全部责任。

6. 在烟草种植生产过程中,不会雇用 16 岁以下的儿童,雇用的 16~18 岁的人员,不会参与任何危险性的或者可能对其健康造成影响的工作。自家孩子(18 岁以下)也不会参与任何带有危险性的、可能对健康造成影响的工作。

7. 在烟草采摘等接触鲜烟叶的过程中,戴手套、穿长袖等防护装备以预防 GTS 的发生。

8. 在烟草生产过程中,本人会遵守 STP 之各项规定,依规定进行生产,记录并提供数据,相关记录信息可公开给第三者。

9. 如因违反上述规定而受到取消来年烟草种植计划等处理,本人无条件接受且无异议。

10. 本承诺书一式两份,本人及_____烟叶站各持一份。

承诺人签字(盖右拇指印):

签字日期: 年 月 日

图 2-4 STP 试点烟农承诺书[①]

————————

[①]图片展示的《STP 试点烟农承诺书》为生产实际中使用的格式文本,在本书出版时仅对其文字差错进行改正,不做其他修改。

七、突击访问

为充分保障 STP 项目顺利实施,确保 STP 各项工作措施和要求落到实处、目标任务全面完成,贵州省各试点产区烟草公司制定了《STP 数据收集及突击访问实施方案》,主要内容有以下几点。

(一)STP 突击访问计划

成立 STP 突击访问小组,在试点产区范围内进行随机突击访问。突击访问范围主要包括育苗、移栽、大田管理、采收、烘烤、烟叶储存、烟叶收购、病虫害防治和田间卫生清理等烟草生产重点环节。突击访问内容包括两个方面:一是突击访问烟农是否很好了解了 STP 相关知识,技术人员是否正常指导烟农开展烟草生产工作;二是突击检查所有人员的烟草生产记录等是否准确。

(二)STP 突击访问小组成员及组织方式

在 STP 工作领导小组中随机抽取 3 人,与项目负责人和技术负责人组成 5 人突击访问小组。

(三)STP 突击访问方式

成立 STP 突击访问小组后,在不通知烟农、烟叶站的情况下进行突击访问和详实记录。具体流程见图 2-5。

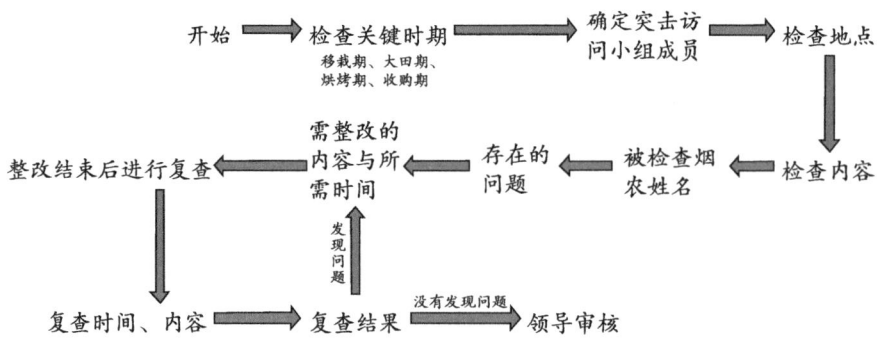

图 2-5 突击访问流程图

八、可追溯性

黔西南布依族苗族自治州在推行 STP 过程中,以信息化为抓手,以方便、快捷、节本、增效为着力点,结合专业化分级、散叶收购的管理需求与业务特点,通过"三卡一码"方式,建成了一套智能、灵活、高效的精准收购模式(见图 2-6),贯穿烟叶收购关键环节,实现了烟叶收购工作的精准化质量追溯,促进专业化分级、散叶收购工作有序、规范、高效运行。

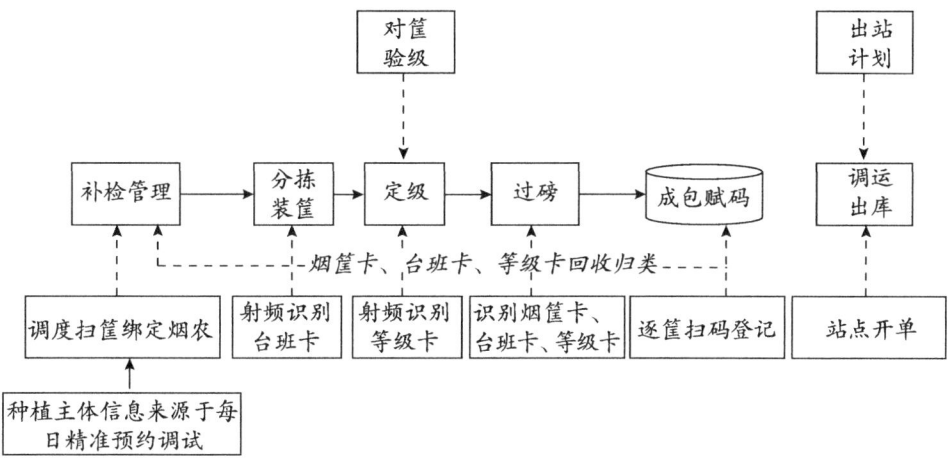

图 2-6　黔西南布依族苗族自治州专业化分级、散叶收购工作质量追溯业务流程图

2018 年,黔西南布依族苗族自治州 36 条收购线(包括 STP 试点单位)推广了"三卡一码"精准收购模式,通过手持终端将烟筐卡、台班卡、等级卡上的信息绑定在烟包二维码上,扫描二维码即可查询到每个烟包的详细情况,实现烟叶质量可追溯。

第四节　管理领域实施成效

一、产、学、研协同创新

产、学、研协同创新是基于协同的思想,以促成高校、科研院所、企业以资源共享为前提,以联合攻关、成果分享、资本融合、效益分配及风险分担为准则,通过达成分工协作的契约共同开展技术创新。贵州省 STP 实施小组以产、学、研相结合的组织模式促进各方知识共享,以提升贵州省烟草竞争力。

二、制定 STP 实施流程

贵州省 STP 体系由《贵州省 STP(GZ – STP)实施指南》《贵州省 STP(GZ – STP)评估指标体系》《贵州省 STP(GZ – STP)数据采集系统》和《贵州省 STP(GZ – STP)自评估系统》组成。《GZ – STP 实施指南》是在国际 STP 标准的基础上,因地制宜构建的一套符合贵州省烟草生产实际的指南,用于指导贵州省烟草公司实施 STP 管理。后根据《GZ – STP 实施指南》的内容,参照国际 STP 制定原则和相关依据,系统分析了贵州省烟草生产的主要特点,编制了《GZ – STP 评估指标体系》。《GZ – STP 评估指标体系》最终将以数字化的方式呈现,发展成在线评估系统,帮助烟草公司实施自我评估,提高在作物、环境、人员三个领域的实施水平和管理水平,有利于实现烟草生产可防、可控、可追踪的有效监管。根据在线预评估结果,及时调整烟草生产过程,为烟草可持续生产提供有效保障,实现信息采集、在线监测、评估认定、智慧预警的功能。

(一)GZ – STP 自评估系统

由中国烟草总公司贵州省公司与南京农业大学联合开发的信息生产化系统(1.0 版本),是将 STP 涉及的管理、作物、环境和人员四个领域的评价指标数字化,建立贵州省互联网＋STP 评估系统,实现 STP 自评估工作信息化,提高烟草公司在四个领域的实施水平。该系统支持角色分配功能,系统管理员可根据公司实际情况建立不同角色,每种角色享有特定权限;所有密码采用 MD5 加密算法存储在数据库中,确保应用安全;支持动态添加和删除烟草评价指标,采用级联关系,最多可支持四级;支持多类型输入数据方式(现在主要是列表框和文本框)。

　　该系统包括主界面(见图 2 - 7)和操作界面。管理员的操作界面分为首页、个人管理、系统管理、类别管理和数据管理 5 个部分。其中,个人管理分为修改密码和修改个人信息两部分;系统管理包括角色管理和用户管理两大块,实现动态和灵活的权限分配;类别管理实现了烟草信息的 1、2、3、4 级指标动态输入、删除和修改;数据管理包括指标选择、数据输入。

图 2 - 7　信息化生产系统(1.0 版本)主界面

(二)STP 烟草生产基地数据信息化采集系统

　　利用"互联网＋"技术对烟草生产全过程进行实时监测,建立电脑端和手机端STP 数据采集与查询系统,包括基础信息调取录入和完善、数据采集、数据查询、突击访问。数据采集部分,把监测的指标分配到备耕备栽期、移栽期、大田前期、打顶和抹杈、采收烘烤期、储存和交售期、田间清理 7 个时期,技术人员通过田间观察、田间交流、烟农访问等方式按户对烟农进行数据采集并按时提交。数据查询部分,管理层可以随时查询技术人员工作情况。突击访问部分,管理层可随时现场检查技术人员采集数据的真实性。

三、完善生产可追溯体系

随着卷烟市场竞争的加剧及《烟草控制框架公约》的签署,卷烟企业对烟叶原料质量、来源的真实性和安全性要求越来越高。为保护消费者健康和生态环境,《烟草控制框架公约》强调了卷烟企业的社会责任,要求卷烟企业如实检测和报告烟叶产品成分,因此卷烟企业越来越关注烟叶产地生态环境、品种、生产技术等相关信息。为满足社会和卷烟企业的需求,烟草生产企业和复烤企业逐步建立质量追溯体系,实现产品质量可追溯。质量追溯管理作为质量管理的基本手段,能为烟草生产企业和复烤企业制定质量要求和落实质量责任提供可靠依据,帮助企业逐层找寻烟叶产品质量不合格的根本原因,进而通过对相关因素的调整和控制,达到不断提高烟叶产品质量的目的。具体见图2-8。

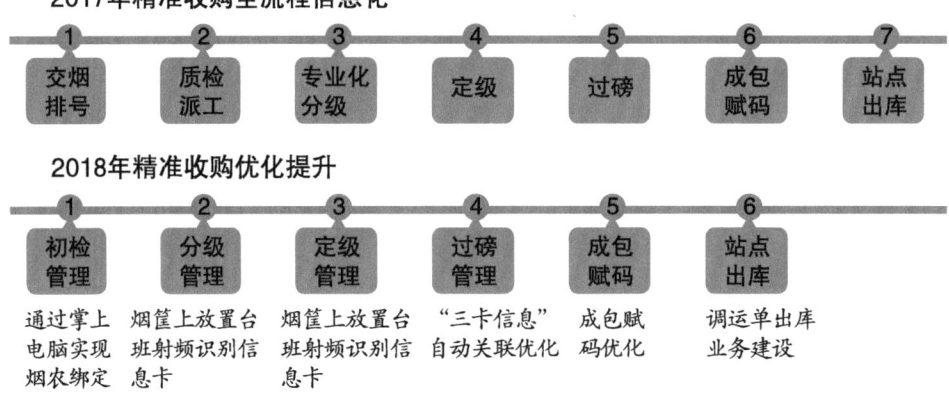

图2-8 STP实施过程中生产可追溯体系的提升

STP要求烟草公司严格把控烟叶的生产及加工过程,尤其要求对烟叶供应每个过程中涉及的各种相关信息进行记录保存。随后根据这些信息通过"互联网+"技术开发手机应用程序溯源系统,在产品质量出现问题时,就可通过系统快速有效地查询到产生问题的原料或加工环节,必要时进行产品召回,实施有针对性的补救或惩罚措施,以此来提高产品质量。

第三章
贵州省 STP 农艺部分作物领域实施成效

第一节 作物领域主要内容

作物领域的各项标准主要是围绕 GAP 来制定的,以指导烟草的生产管理。作物领域包括 6 条、31 款,有二级标准 31 项、指标 149 项。条、款的主要内容如下。

一、关键标准

该标准涉及的内容贯穿整个作物领域,其目的主要是反映整个作物领域的实施水平,核心是对作物领域涉及的标准进行风险评估,对烟农进行知识培训,以及对烟草生产过程进行监测。关键标准具体内容见表 3 - 1。

表 3 - 1 关键标准具体内容

款 目	标 准
风险评估	公司用风险评估方法识别和降低影响作物领域标准的任何明显风险
烟农培训计划	公司就 STP 作物领域中与烟农有关的标准和其进行了交流,并对其进行了培训
烟草生产过程监测	公司系统性地实地监测 STP 作物领域标准的有效实施情况

二、品种选择

选择具备优良性状并且适合在贵州省种植的烟草品种是生产出优质烟叶、提高烟农收益的基础。品种选择具体内容见表 3 - 2。

表 3 - 2　品种选择具体内容

款　目	标　准
种子检测和证书	所有批次种子经过权威机构的检测
遗传状况	对烤烟种子和成品进行检测,确认无转基因
征求 STP 卷烟制造商意见	在任何一种烤烟新品种审定通过前,公司应征求所有相关 STP 卷烟制造商意见,让其核实品种特性可接受度

三、作物管理

该标准要求烟草的种植从幼苗阶段一直到成熟采收阶段应该采用科学合理的栽培管理,这样不仅能提高烟叶的质量和产量,同时也能降低种植成本。作物管理具体内容见表 3 - 3。

表 3 - 3　作物管理具体内容

款　目	标　准
质量和产量	烟农采取适宜的农艺措施来提高质量和产量
土壤分析	对土壤进行分析,以明确是否有影响烤烟种植经济可行性和健康生长的因子
肥料与石灰管理	烟农调整肥料用量和石灰用量以满足土壤肥力和作物营养需求
肥料检测	有机肥和无机肥的来源明确,并且有相应的检测报告
烟苗生产	烟农使用最适合当地的技术和措施,生产均匀和健康的烟苗
移　栽	烟农采取最佳移栽措施,为较高产量奠定基础
打顶与抹杈	烟农采用打顶与抹杈的措施,以获得所需的烟叶类型
烘烤容量	对于所有种植的烟草要有充足烘烤容量
交售准备	烟农根据收购要求准备烟叶以备交售
降低烟草特有亚硝胺含量	公司采取措施降低特有亚硝胺含量

四、有害生物综合治理

面对烟草种植过程中已发生或可能发生的病虫害,有害生物综合治理要求尽量采用生物防治、物理防治的方法,减少化学农药的施用。有害生物综合治理具体内容见表3-4。

表3-4 有害生物综合治理具体内容

款 目	标 准
作物轮作	烟农应将烟草与其他作物轮作以防止病虫害发生
生物防治	烟农使用生物方法控制病虫害
抗性品种	烟农种植烤烟抗性品种
物理防治	烟农使用物理防治方法降低病虫害发生率
作物残留物的处理	烟农要销毁苗床和作物残留物
天 敌	烟农要为害虫天敌提供栖息地
农药施用的经济阈值及病虫害、益虫的监测	建立主要病虫害的经济阈值,只有当监测结果已经超过了经济阈值,才能施用农药或采取其他措施
注册在烟草上施用的农药,并注意农药毒性	施用农药时,要遵守相关法律规定、STP卷烟制造商和农药施用说明要求。公司要推进低毒性农药的施用,以降低对环境和人类健康的危害
农药施用记录	烟农在烤烟上施用农药,要保存有效的农药施用记录
卷烟制造商要求的农药最大残留限量	符合法律规定和STP卷烟制造规定的农药最大残留限量

五、烟草生产过程中的污染物

烟草公司需要研发能够辨别烟草生产过程中的污染物的系统和程序,以去除非烟物质造成的污染。烟草生产过程中的污染物具体内容见表3-5。

表 3 - 5   烟草生产过程中的污染物具体内容

款　目	标　准
烤烟生产过程中非烟物质的识别与控制	制定控制非烟物质的措施,每户烟农要落实到位,防止烟叶含有任何非烟物质
异　味	公司要明确烤烟生产过程中能产生异味的物质和位置,并制定预防措施
非烟物质的追踪	公司以根除非烟物质为目标,追踪烤烟生产过程中非烟物质的来源

六、烟农收益

利用成本分析数据筛选出潜在的节约环节并实施整改措施,提高烟农的生产效率和生产率,从而帮助烟农增加收益。影响烟农的生产效率和生产率的因素有很多,包括气象、物资价格波动等。烟农收益具体内容见表 3 -6。

表 3 -6   烟农收益具体内容

款　目	标　准
烟农生产效率和生产率	烟农通过提高生产效率和生产率来增加收益
农业经济学	公司必要时应帮助烟农,让其对与烤烟生产相关的农业经济学有充分认识

第二节　作物领域工作现状

一、技术操作指南

1.《烟草良好农业管理及控制规程》(YC/T 523—2015)
采用危害分析和关键控制点的方法来识别、评价和控制食品安全危害。在烟草种植、调制过程中,针对烟草生产的特点,对烟草基地单元管理、土壤肥力保持、田间操作、植物保护、烟叶调制、包装、运输、储存、组织管理等方面提出了要求,包括记录、追溯及对员工的培训等。具体见图 3 – 1。

ICS 65.160
X 87
备案号:49166—2015

中华人民共和国烟草行业标准

YC/T 523—2015

烟草良好农业管理及控制规程

Management and control procedure on good agriculture of tobacco

2015-01-26 发布   2015-02-15 实施

国家烟草专卖局   发布

图 3 – 1 《烟草良好农业管理及控制规程》(YC/T 523—2015)

2.《烟叶生产良好农业规范应用与实践》

首先,本书对 GAP 的概念、起源、国内外的应用及实施意义等方面进行了简要介绍。其次,结合当前烟草生产实际,本书分别从烟草生产管理者、烟草种植户和专业化服务队的角度,提出在烟草生产过程中的操作和管理,以最大限度地保障优质烟叶原料的稳定供应,并在充分彰显烟叶质量特色和品质安全的同时,关注员工的健康安全和生产环境,从而寻求烟草生产、环境保护和员工福利之间的动态平衡,促进烟草生产可持续发展,全面满足 GAP 的要求。具体见图 3-2。

图 3-2 《烟叶生产良好农业规范应用与实践》

3.《兴义市烤烟生产 SRTP 实施细则》

以"优质、高效、生态、安全"为目标,黔西南布依族苗族自治州烟草公司兴义市分公司组织相关人员制定了《兴义市烤烟生产 SRTP 实施细则》,明确基地单元推行 SRTP 的目标、进度及保障措施等,要求基地单元做好本体系的宣传讲解和组织实施。具体见图 3-3。

兴义市烤烟生产 **SRTP** 实施细则

SRTP

黔西南布依族苗族自治州烟草公司兴义市分公司
二〇一二年二月

图 3－3　《兴义市烤烟生产 SRTP 实施细则》

4.《贵州烟草病虫害绿色防控重大专项实施方案》

烟草行业贯彻落实绿色发展理念,聚焦"三虫三病"主要靶标,坚持"以农业防治为基础、生物防治为主体、物理防治为辅助、化学防治为补充"的综合防治策略,以"化学农药减量、病虫损失降低、烟叶品质优良和烟区生态安全"为目标,以病虫害预测预报网建设和高标准示范区建设为重点,深化关键技术研究,配套设施设备,优化组织模式,强化政策保障,完善绿色防控技术体系与组织运行体系,打造绿色防控基地建设典范,引领烟区绿色生产,助力生态文明建设。

二、风险评估

对每一项适用的二级标准进行风险评估,具体包括 5 个流程:一是确定作物领域中每个标准的风险,包括哪一项标准可能会做错,以及可能导致什么后果;二是

烟草可持续发展体系构建与推广应用

评估风险;三是确定整改措施;四是实施整改措施;五是审议实施整改措施的有效性。

1. 识别风险

详细方法步骤见第一章第四节风险评估部分。风险评估结果见表3-7。

2. 制定并实施整改措施

确定风险等级之后,根据风险等级的描述,针对需要限期整改或立即整改的标准分别制定整改措施。制定并实施整改措施:一是烟草公司规定整改的措施和期限,将相关要求通过培训交流的方式宣传至烟农,并选派相关人员在适当时期进行监控;二是烟农在接受培训后,需要认识到整改的必要性,积极配合烟草公司及相关人员的监督。

表3-7 作物领域风险评估结果(2017年1月评估)

一级标准	二级标准	风险等级
关键标准	风险评估	12
	烟农培训计划	12
	烟草生产过程监测	9
品种选择	种子检测和证书	3
	遗传状况	4
	征求STP卷烟制造商意见	3
作物管理	质量和产量	3
	土壤分析	3
	肥料与石灰管理	6
	肥料检测	3
	烟苗生产	3
	移栽	3
	打顶与抹杈	3
	烘烤容量	4
	交售准备	3
	降低烟草特有亚硝胺含量	3

续表

一级标准	二级标准	风险等级
有害生物综合治理	作物轮作	3
	生物防治	3
	抗性品种	3
	物理防治	3
	作物残留物的处理	9
	天敌	6
	农药施用的经济阈值及病虫害、益虫的监测	9
	注册在烟草上施用的农药,并注意农药毒性	12
	农药施用记录	12
	卷烟制造商要求的农药最大残留限量	4
烟草生产过程中的污染物	烟草生产过程中非烟物质的识别与控制	12
	异味	9
	非烟物质的追踪	9
烟农收益	烟农生产效率和生产率	6
	农业经济学	3

注:风险等级中阴影部分表示风险等级为较高风险,需要制订具体改进计划。

三、教育培训

为推进试点区域STP顺利实施,加强基层站点员工及试点区域烟农对STP的理解及其劳动用工保障,烟草公司以STP项目关键内容为培训重点,以对STP项目相关知识应知应会为核心,通过多层次、分类别、多形式、重实效、充满活力的培训,提高烟农对STP的认识,提升烟农综合素质。具体培训流程见图3-4。

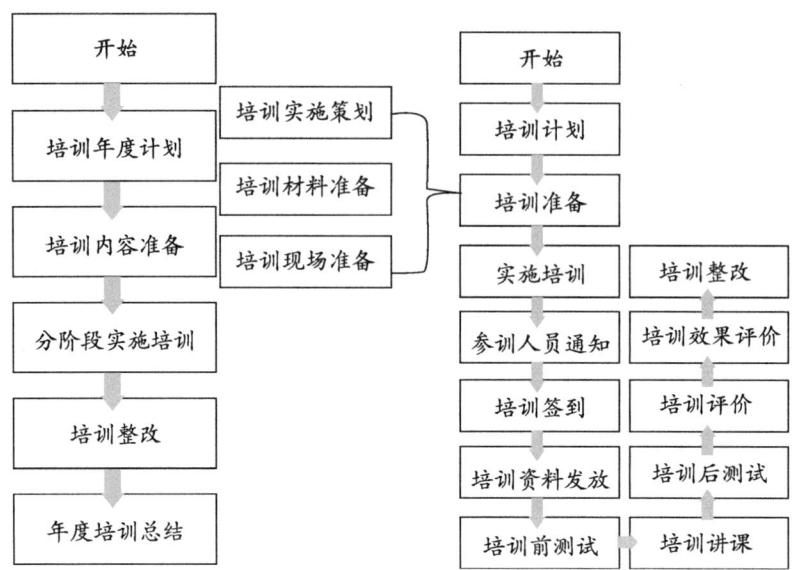

图3-4 年度培训(左图)和阶段培训(右图)实施流程示意图

STP要求公司须根据风险评估内容制订每年培训的重点及课程实施计划,培训实施时间严格按照培训计划时间实施,将实施时间列入重点考核内容。

在每次培训开展前随机选择培训对象进行测试,培训结束后对培训前随机测试的对象再次进行测试,评估培训效果。培训结束后的测试结果若低于预先规定的培训结果合格率,则视为培训效果不良并进行全体再次培训,直至测试结果合格为止;对于培训模式单一、形式固化、效果不佳的培训,在当年的年度培训总结中需提出改进内容和相应措施等。

四、数据采集和监控

根据贵州省STP项目的要求,对STP项目试点进行数据采集,并对所采集数据进行真实性验证。

1. 数据采集

(1)对技术人员就STP手机端数据采集模块的使用方法进行培训。

(2)技术人员对烟农或雇工的实际操作或结果进行检查,同时将检查结果录入手机应用程序。

（3）对操作或结果与 STP 规定相符的,确认为合格。

（4）对操作或结果与 STP 规定不相符的,确认为不合格。①如为立即整改项,要求立即停止操作,属于 I 类的要求立即整改,属于 II 类的要求限期快速整改。②如为常规整改项,规定时限要求整改;在规定整改时限到期前,技术人员要到现场对整改情况进行检查,并将检查结果录入手机应用程序。

（5）要求技术人员所采集的数据及时且真实可靠。

2. 对所采集数据进行真实性验证

（1）对公司管理层相关人员就 STP 手机端数据查询模块的使用方法进行培训。

（2）管理层人员进行突击访问,检查技术人员所采集数据的真实性。①如所采集数据与实际相符,判定为合格。②如所采集数据与实际不相符,判定为不合格。

五、抽样送检

目前,STP 制造商不接受转基因烟草,烟草公司应评估转基因烟草在供应链中存在的风险,并采取相关措施来避免转基因烟草的出现。

烟草公司可进行土壤分析,这是了解土壤类型、质地、潜在的根系深度(或是否存在板结的问题)、土壤有机质含量、土壤 pH 和土壤重金属含量的唯一途径。土壤取样应该在烟草生产季节来临之前完成;土壤取样方法应采取有代表性的方法,以确保分析结果的准确性。

同时,烟草公司应确保有机肥和无机肥的来源,并且确保施用肥料对环境和烟草无负面影响。公司应制订年度计划分析在烟田施用的所有肥料(包括农家肥)。肥料取样方法要能够确保该产品的真实性和代表性。

六、烟草生产过程中非烟物质和异味的控制

烟草行业标准规定了在烤烟大田生产、收购、仓储、运输、复烤各个环节中非烟物质的控制方法、检验要求及判定标准。

1. 非烟物质的控制方法

（1）注意田间杂草,避免在采摘烟叶时把杂草混在烟叶中。

（2）将采摘后的烟叶放在防水帆布、麻布、棉布上,确保这些材料较厚,不容易

脱落,然后把烟叶放在运输车上。

(3)编烟区域要干净,使用棉绳,不得使用塑料绳和尼龙绳。在编烟过程中工作人员要尽量挑出混在烟叶中的杂物,且在工作过程中不得进食。

(4)工作区域要远离家禽,尤其是要远离鸡,避免鸡毛混入。

(5)保持烟叶分级等操作区域干净卫生。

(6)确保储存区域的地板干净,例如确保没有玉米、小麦及肥料袋的碎片。

(7)使用质量好的、厚的塑料来覆盖烟叶,最好使用黑色或白色塑料。

(8)在每个环节都要剔除非烟物质,将非烟物质放置在非烟物质收集筐中。不得使用橡胶带、杂草、塑料绳或尼龙绳来扎把或捆散叶。

(9)不得使用肥料袋、塑料袋或草席来包裹要交售的烟叶,尽量使用棉质、麻质布片。

2.异味的控制方法

(1)烟叶储存场所应洁净、通风、干燥、无异味、无污染,并配备消防设施。收购前对仓库进行消毒杀虫。

(2)开包检查是否存在霉味或其他异味;观察烟包表层是否有霉变烟叶(叶面有白色、青色绒毛状物或鼻闻有霉味的即为霉变烟叶)。

七、烟农效益

为认真贯彻落实国家烟草专卖局关于促进烟农增收的要求,服从服务于乡村振兴、脱贫攻坚大局,服从服务于烟草行业转型升级、高质量发展大局,中国烟草总公司贵州省公司把烟农增收作为烟草生产重点工作之一来抓。

(一)提高烟叶亩产值

在当前生产成本持续上升、烟叶价格上升空间有限的背景下,增加烟农收入只能从规模化经营和提高烟叶亩产值着手。一是提高规模种植水平。以推进农村土地承包经营权确权登记为契机,依托村委会和烟农合作社等平台,建立健全烟田长期、统一流转机制,着力提升土地流转率,推进规模化、专业化种植。二是提高烟叶亩产值。突出抓好烟草生产提质增效,以优质、特色、高效、安全为目标,强化科技创新,全面落实先进适用技术,狠抓技术到位率,推广土壤保育、营养平衡、绿色防

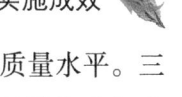

控、成熟采收、节能烘烤等关键技术,提高烟叶单位面积产量水平和质量水平。三是减少烟叶损失。选择好田好土种烟,加大叶斑病害防控研究,加强烘烤队伍培训,提高烘烤水平,减少生产环节烟叶损失。

(二)降低烟叶生产成本

一是提高专业化服务水平。以示范社建设为抓手,加强育苗、烘烤、分级、机耕"三师一手"(农艺师、烘烤调制师、分级师与技术能手)队伍建设,建立全程、全覆盖的专业化服务体系,统一服务模式,规范服务流程,降低服务价格,提升服务水平。二是提高机械化作业水平。优化整合烟草生产流程,简化作业环节,推行省工栽培,加快机械化、一体化作业,降低烟草生产复杂程度。针对贵州省山区特点,围绕重点环节开发高效适用农机,加快成熟适用农机推广应用,加强农机使用和调度,提升机械化作业水平。

(三)提高多元化经营水平

发挥资源优势、产业优势,千方百计地增加烟农收入。2018 年全省实现烟农多元增收 7.5 亿元。2019 年,贵州省着重从以下几个方面开展多元增收:

(1)深入推进"四个 1 亿"工程。大力培育特色产业,深入推进有机肥、食用菌、特色种养、废弃资源利用和多元化服务"四个 1 亿"工程。构建有机肥科研生产加工推广应用体系,推动合作社自制有机肥和炭基肥市场化、工场化、流程化发展,全省合作社自制有机肥生产销售实现产值 1 亿元以上。加大与科研院所合作,引进核心技术,突破关键技术,推进双孢菇、羊肚菌等食用菌产业规模化、专业化、标准化发展,实现产值 1 亿元以上。充分发挥生态优势,引进龙头企业,积极推进无公害蔬菜、绿特稻米、生态养殖产业系统化、专业化、标准化发展,实现产值 1 亿元以上。充分发挥烟农合作社设施优势、组织优势,在做好烤烟专业化服务的基础上,推进烟农合作社多元化服务产业化发展,实现产值 1 亿元以上。

(2)充分发挥产业优势。充分发挥烟草产业的需求优势、设施优势、烟田优势,整体推进全省产业脱贫攻坚工作。发挥烟草主业需求优势,开展有机肥堆制、废弃地膜加工利用;发挥设施综合利用优势,利用育苗大棚、烤房、烟用农机具闲置期开展多元化利用;以当地特色产业、成熟产业为主,利用基本烟田轮作期和空闲期,种植与烟草互补融合的粮食、蔬菜、花卉等地方特色农产品。2019 年,贵州省废弃地膜加工利用超过 4400 t,育苗大棚利用面积超过 270 hm²,密集烤房利用超过 1 万座,烟草农机具多元化服务超过 8000 台,基本烟田利用面积超过 3.3 万 hm²。

(3)扎实抓好产品销售。深化与学校、企业、超市合作,建立长期稳定的产销对接机制。进一步与农产品批发市场、农业龙头企业、大型连锁超市、电商平台等市场主体签订订单协议,建立稳定的产销关系。积极探索股份合作、资产量化入股、土地经营权入股等运行模式,建立完善共建共享、共同经营、共担风险的利益联结机制,完善"龙头企业 + 基地 + 合作社 + 农户"的全产业链模式。抓住农村电商加速发展的契机,在各电商平台上开设特色产品店和地方特色馆,拓展线上直销。加大宣传推介力度,鼓励烟农合作社开发烟农增收微信平台,定期发布产品信息和食用常识,提高产品知名度。

(4)强化科技创新引领。充分发挥贵州省烟草公司各市(州)公司技术中心的科技创新主力军作用,以绿色化、特色化、产业化、品牌化为引领,开展附加值高、科技含量高的项目研究,构建技术体系,打造特色品牌,促进多元化经营集约发展。加强与科研院所合作,支持龙头企业或合作社集成先进适用技术和农业科技成果,建立多元化农产品质量标准,加强质量安全体系建设。科学分析消费需求、目标人群、市场容量等因素,选准找好特色产业,推动多元经营由单一环节向全产业链延伸,实现规模化生产、产业化经营。强化科技创新引领作用,加快科技成果转化,释放行业科技创新、技术推广、产业融合、品牌打造等方面的优势。

(5)积极培育品牌。充分发挥我省的生态资源优势,依托当地特色农产品公共品牌,建立生产标准,提升产品品质,加强宣传推介,推动多元化经营规模化、品牌化、特色化发展。坚持绿色、有机、中高端的品牌定位,努力打造自有特色品牌,靠品牌效应去赢得市场。建立完善生产技术标准和质量管控体系,推动产品从多元增收向有机、绿色、安全方向发展,持续增强品牌影响力、竞争力。

第三节 作物领域实施措施

一、烟草种子管理

(一)品种相关指标

在正式投入生产之前,对待选用的烟草种子都要进行测试。我国对烟草种子品质的要求主要包括种子品质及品种适应性两个方面。同时,STP 制造商目前不接受转基因烟草,因此 STP 的种子审核也包括转基因检测。

1.种子品质

选择优良的品种是提升烟叶质量的先决条件。种子品质是指烟草种子本身的内因条件,主要包含下列几个指标:

(1)品种纯度:品种在特征、特性方面的一致程度。

(2)种子净度:去除杂质(其他植物种子、泥沙、植物碎片等)后的种子净重占供检种子重量的百分率。

(3)发芽势:发芽试验初期(7 d),在规定的条件下长成的正常幼苗数占供检种子数的百分率。

(4)发芽率:发芽试验终期(14 d),在规定的条件下长成的正常幼苗数占供检种子数的百分率。

(5)含水率:种子中所含水分的量,种子干燥后失去的水分重量占种子湿重的百分率。

(6)饱满度:饱满种子数占供检种子数的百分率,用在规定的条件和时间内在清水中下沉的种子数占供检种子数的百分率表示。

2.品种适应性

开展品种适应性检验是由于不同地区存在环境差异,烟苗生长所需的土壤物理、化学、生物学性质及气候等都会有很大差别,因此烟草种子优良性状不能保证在任何地区都能体现。检验品种适应性的方法是进行区域性实验。

(二)品种选择

1. 充分了解品种的抗性表现

例如烟草黑胫病是贵州省主要烟区普遍存在的病害,应高度重视。目前我国选育和引进推广的品种大多数对烟草黑胫病都有良好的抗性,但也有一些品种抗性较低或感病(如红花大金元和从津巴布韦引进的 KRK26 品种),因此在烟草黑胫病严重的烟区不宜种植。对贵州省来说,对品种抗性的了解应重点放在对烟草的黑胫病、青枯病、病毒病、赤星病和根结线虫病的抗性等方面。不同品种对特定生态环境的适应性和对极端气候的耐性等也存在明显的差异。例如烟草苗期和圆顶期对气温胁迫的反应特性,苗期耐低温的品种早花程度轻,而圆顶期耐低温强的品种上部叶开片较好。又如对干旱胁迫的耐性方面,抗旱品种往往表现出根系发达、茎生长速度较慢等特点,一定干旱胁迫对烟叶开片的影响和对产量质量的损失程度影响均较小。因此,在常发生干旱的烟区选择种植抗旱品种,这对烟草生产的稳定性具有重要作用。

2. 注意品种的合理搭配

品种搭配指在一个生态区域内要种植多个品种,品种间在主要性状(尤其是抗病性、抗逆性)等方面能够互补,为实现烟草生产的稳定性奠定遗传基础。因为任何一个品种都不是完美无缺的,特别是对不同病害的抗病性,不同品种表现是不一致的。长期在同一生态区域种植某一品种,会造成两种情况:一是随着品种大面积地长期种植,该品种抗某种病害的能力会下降甚至丧失,因为该品种的抗病性对病原菌会产生一种选择压力,诱导病原菌产生新的生理小种,进而使该品种抗病性连年降低,形成抗病品种不抗病的局面;二是每个品种抗病的能力不同,例如 K326 抗根茎性病害能力较强,但抗叶部病害能力较差,长期在同一地区种植会促使叶部病害的病原菌逐渐积累,上升为该地区的主要病害,一旦条件成熟就可能造成暴发性病害。因此,不能在一个地区长期种植单一品种,而应根据当地生态条件选择 2～3 个质量水平相近、抗病性互补的优良品种间隔种植。在烟草种植相对集中且面积较大的烟区,品种搭配更为重要。始终保持烟草生产的遗传多样性,是烟区可持续发展的基础。

3. 注意品种的合理布局

合理布局是指在一个较大范围内配置不同的品种,构成不同生态条件下不同质量特色的定向栽培。例如在海拔不同的产区,烟叶质量特色是有一定差异的,所选用的品种也应不同,以利于彰显生态差异所形成的质量特色。在许多地区都存在着多种类型或不同土壤肥力、不同耐病性的土壤,应根据这些差异选择相应的品种,实现烟草生产效益的最大化。

4. 贵州省烟区品种选择建议

根据卷烟工业企业需求,结合多年的生态适应性栽培验证结果和全国特色优质烟叶重大专项研究成果,贵州省烟区品种种植布局安排如下:

(1)以云烟 87 品种为主栽品种,在所有种植区域内均可种植,与配套轮换品种隔年轮换种植。

(2)在海拔 700~1000 m、光热条件相对较好的烟区,以 K326 特色品种为轮换种植的主栽品种,与云烟 87 品种进行隔年轮换种植。

(3)在海拔 1000 m 以上的烟区,进一步示范验证云烟 116 品种的生态适应性,待配套技术成熟后,可将云烟 116 品种作为主栽品种种植。

(4)以云烟 85 品种和贵烟 201 品种作为搭配种植品种,与主栽品种在种植区域内合理轮换种植。

(5)在中东部高海拔烟区开展云烟 105 品种的生态适应性验证和示范种植,在中低海拔烟区开展 NC102 品种的生态适应性验证和示范种植。

(三)烟草种子的生产加工

凡从事烟草种子生产和加工的烟草良种繁殖基地,必须向贵州省烟草种子管理部门申请办理烟草良种生产经营许可证,按指定的品种类型、种子需求数量和生产要求,安排繁殖计划和良种包衣加工。烟草良种繁殖必须使用由中国烟叶公司或中国烟草总公司贵州省公司指定的原种繁殖单位提供的原种繁殖良种。

烟草种子生产计划由地级以上烟草部门按生产需要向省烟草种子管理部门上报审核批复后统一安排。

烟草良种繁殖中心应建立种子生产档案,载明生产地点、生产地块环境、前茬作物、亲本种子来源和质量、技术负责人、田间检验记录、产地气象记录、加工、储存、运输和质量检测各环节的简要说明及责任人、种子流向等方面的内容,并保存 3 年。烟草良种繁殖实行定期更新制度,按照中国烟叶公司和省烟草种子管理部门品种更新换代的进度要求,落实繁殖和换代任务。

(四)转基因检测

每年在育苗前对贵州省所有生产品种的种子抽样进行转基因检测,确保生产用种无转基因。

二、质量和产量

(一)质量指标

1.单位面积产量

田间每 667 m² 产量 150～175 kg,每 667 m² 平均收购量 125～150 kg。留叶数 18～22 片,可采烤叶片 14～18 片。下部叶平均单叶重 6～8 g,中部叶平均单叶重 8～11 g,上部叶平均单叶重 10～12 g。

2.农艺性状

(1)团棵期(移栽后 35 d 左右)农艺性状:株体宽度与高度之比约为 2:1,株型近似球形。K326 株高 31～34 cm,叶数 13～15 片/株,最大叶长 38～40 cm,最大叶宽 20～24 cm;云烟 87 株高 32～35 cm,叶数 13～15 片/株,最大叶长 40～42 cm,最大叶宽 18～21 cm。

(2)现蕾期(移栽后 55～60 d)农艺性状:K326 株高 100～105 cm,叶数 23～25 片/株,最大叶长 61～65 cm,最大叶宽 26～30 cm;云烟 87 株高 105～110 cm,叶数 21～23 片/株,最大叶长 63～67 cm,最大叶宽 25～28 cm。

(3)圆顶期(移栽后 60～65 d)农艺性状:K326 株型为腰鼓形,打顶株高在 110 cm 以上,留叶数 20～22 片,可采烤叶片 16～18 片,最大叶长 70～75 cm,顶叶长 50～55 cm,顶叶夹角小于 90°;云烟 85、云烟 87 株型为桶形,打顶株高在 120 cm 以上,留叶数 16～20 片,可采烤叶片 14～16 片,最大叶长 75～80 cm,顶叶长 65～70 cm,顶叶夹角小于 90°。

3.烟田长势长相

烟株营养协调,叶片厚薄适中,上部烟叶开片充分。田间生长整齐一致,个体发育充分,群体结构合理,分层落黄明显,无黑暴、无早衰,无明显病虫危害。大田生育期 130 d 以内,一类大田烟株长势在 70% 以上,二类大田烟株长势控制在 30%

以下。

一类大田烟株长势是指烟株平均株高在 110 cm 以上、留叶数 20 片/株以上、有效叶片数 16 片以上、田间产量每 667 m² 150～175 kg、有效产量每 667 m² 130～150 kg、长势整齐、正常成熟、无病虫害发生;二类大田烟株长势是指烟株平均株高在 80 cm 以上、留叶数 17～20 片/株、有效叶片数 14～17 片、田间产量每 667 m² 125～150 kg、有效产量每 667 m² 115～130 kg、长势较整齐、正常成熟、无明显病虫害。

4. 外观质量

烟叶成熟度好,颜色以橘黄色为主,叶面与叶背颜色相近,叶尖与叶基部色泽基本相似,叶片结构疏松,叶片柔软,身份适中,色度好,油分足。

5. 化学成分

烟碱含量、糖碱比、氮碱比、钾氯比等协调。具体见表 3－8。

表 3－8 烟叶化学成分要求

部 位	烟碱含量/%	糖碱比	氮碱比	两糖比	钾氯比	烟碱合格率/%	烟碱均匀性/%
上 部	3.0±0.5	7±2.0	0.70±0.10	≥0.80	≥4.0	≥60	≤12
中 部	2.4±0.4	9±2.5	0.85±0.15	≥0.80	≥4.0	≥70	≤15
下 部	1.8±0.3	11±2.5	1.15±0.25	≥0.80	≥4.0	≥75	≤15
均 值						≥70	≤14

6. 评吸质量

香气风格突出,较细腻柔和,香气质较好,香气量较足,透发性好,杂气少,刺激性小,吃味醇和,余味舒适、干净,有回甜感,燃烧性强。

7. 安全指标

重金属含量、农药残留量在规定范围内。推广生物农药,降低化学农药用量;推广应用高效低毒农药,不施用违禁农药。无转基因,无一类非烟物质。

（二）经济指标

1. 产量目标

每 667 m² 产量在 125 kg 以上;上等烟率在 65% 以上,上中等烟率在 90% 以上,等级合格率在 80% 以上。等级质量能满足 STP 制造商对烟草品质的要求。

2. 烟农利益

通过专业化育苗、机耕、病虫害防治、采收、烘烤和分级等服务,提高烟草生产效率,降低生产成本,提高烟农种植效益;开展烟农种植效益分析培训,重点突出烟农增收、增效,提高烟农种烟积极性。

三、测土配方施肥

烟田测土配方施肥以土壤测试和肥料田间试验为基础,根据烟草需肥规律、土壤供肥性能和肥料效应,在合理施用有机肥的基础上,确定氮、磷、钾及中量元素、微量元素等养分的施用量、施用时间和施用方法。

(一)土壤样品采集

1.采样规划

按照"面积为 3000 ~ 3400 hm^2 的基本烟田,实行 3 年一轮作,测土配方施肥覆盖 13.3 hm^2 以上片区"的基本原则,根据"代表性、覆盖性、可比性"的布点原则,每年采集 30 ~ 50 个样品。当年采样对象为次年规划种烟田。

采样人员应经过土壤采样技能培训,熟悉采样方法和要求,了解采样区烟草生产情况。采样前应收集采样区域基本烟田规划图,绘制样点分布图,制订采样工作计划,并准备全球定位系统(GPS)、样品袋(布袋、自封袋)、铅笔、标签等采样工具。

2.采样时间和周期

在烟草前茬作物收获后或整地施肥前采集土壤样品,测试数据为下一年度烟草专用肥料配方制定及施肥指导服务。测定土壤 pH、有机质含量、水解氮含量、有效磷含量、速效钾含量、氯离子含量的样品每 3 年采集一次,测定中量元素、微量元素的样品每 6 年采集一次,测定微量元素的样品应用不锈钢或竹制取样器采样。

3.采样方法

采样遵循"随机、等量、多混点"的原则。土壤样品采集深度为耕作层 0 ~ 20 cm。每个样品的采样区面积为 0.33 ~ 0.67 hm^2,由采样区内 15 ~ 20 个样点混合组成。根据采样区地形地貌条件确定相应采样方法。平原区、坝区(平坝)在采样区内沿"S"形线路布点采样;具有一定坡度的烟田在采样区内从坡顶到坡脚沿"S"形线路采样。采样时避开路边、田埂、沟边等特殊位置。

采用四分法弃去多余土壤,每个混合土样重量以 1 kg 左右为宜。采集的样品放入样品袋,用铅笔写好标签贴上,内外各一张,用 GPS 定位,同时填写采样基地基本情况调查表(见表3-9)。

表3-9　采样基地基本情况调查表

基地单元		乡镇名		村　名	
合作社		地块名		农户名	
GPS 经度	××°××′××″		GPS 纬度		××°××′××″
取样时间	年　　月　　日		取样人		
备　注					

4. 样品处理

及时将采回的土壤样品放在样品盘上,摊成薄层,置于干净整洁的室内通风处自然风干,并注意防止酸性气体、碱性气体等气体及灰尘的污染。在风干过程中应该经常翻动土样并将大块土块捏碎以加速风干,同时剔除侵入体。需要长期保存的样品,研磨过筛后保存于广口瓶中,用蜡封好瓶口,瓶内外各放一张标签备用,注明研磨粒径。

(二)测试分析

1. 测试分析指标

必测指标包括土壤 pH、有机质含量、水解氮含量、有效磷含量、速效钾含量、氯离子含量、有效硼含量、有效锌含量和交换性镁含量。

2. 测试分析法

按《土壤 pH 的测定》(NY/T 1377—2017)测试土壤 pH,按《土壤检测　第6部分:土壤有机质的测定》(NY/T 1121.6—2006)测试土壤中的有机质含量,按《土壤检测　第7部分:土壤有效磷的测定》(NY/T 1121.7—2014)测试酸性土壤中的有效磷含量,按《森林土壤有效磷的测定》(LY/T 1233—1999)测试石灰性土壤中的有效磷含量,按《土壤速效钾和缓效钾含量的测定》(NY/T 889—2004)测试土壤中的速效钾和缓效钾含量,按《土壤氯离子含量的测定》(NY/T 1378—2007)测试土壤中的氯离子含量,按《土壤检测　第8部分:土壤有效硼的测定》(NY/T 1121.8—2006)测试土壤中的有效硼含量,按《土壤检测　第13部分:土壤交换性钙和镁的测定》(NY/T 1121.13—2006)测试土壤中的交换性钙和镁含量。

(三)烟草专用肥配方制定及应用

1.肥料效应田间试验

烟草专用肥配方设计应先确定氮、磷、钾养分的需求量,然后确定相应的肥料组合。采用养分丰缺指标法或目标产量法确定烟草氮、磷、钾养分的需求量。

(1)养分丰缺指标法。

基本原理:将土壤有效养分划分为高、较高、中、较低、低、极低6个等级,不同等级对应不同的施肥量,根据土壤有效养分含量对应的丰缺指标指导施肥。

指标确定:在不同土壤上安排土壤养分丰缺指标田间试验,制定土壤有效养分丰缺指标。田间试验可采用"3414"部分实施方案(详细说明见后文)。"3414"方案中的处理 1 为空白对照(CK),处理 6 为全肥区(NPK 区),处理 2、4、8 为缺素区,即缺氮(PK)、缺磷(NK)和缺钾(NP),收获后计算产量,用缺素区产量占全肥区产量百分数即相对产量(R_t)的高低来表达土壤养分的丰缺情况。

指标划分:根据 R_t 划分土壤等级(见表 3 – 10)。

表 3 – 10　土壤等级与 R_t 的关系

单位:%

土壤等级	R_t
极　低	$R_t \leq 50$
低	$50 < R_t \leq 60$
较　低	$60 < R_t \leq 70$
中	$70 < R_t \leq 80$
较　高	$80 < R_t \leq 90$
高	$R_t > 90$

(2)目标产量法。

基本原理:根据烟草养分需求与土壤、肥料养分供应的平衡原理计算施肥量:

$$A_f = \frac{T_f - S_t}{F_c \times R} \qquad ①$$

式中:

A_f——施肥量,单位为 kg/hm²;

T_f——目标产量所需养分总量,单位为 kg/hm²;

S_t——土壤供肥量，单位为 kg/hm^2；

F_c——肥料中养分含量，用百分数（%）表示；

R——肥料当季利用率，用百分数（%）表示。

式①中涉及 5 个参数。其中，土壤供肥量（S_t）即为"3414"方案中处理 1 作物养分吸收量，可按式②计算：

$$S_t = T_s \times \theta \times \lambda \qquad ②$$

式中：

S_t——土壤供肥量，单位为 kg/hm^2；

T_s——土壤测试值，单位为 mg/kg；

θ——土壤质量转换系数，等于 $2.25 \times 10^6 \ kg/hm^2$；

λ——土壤有效养分校正系数，用百分数（%）表示。

参数的确定方法：目标产量可采用平均单产法来确定。平均单产法是用施肥前 3 年平均单产乘以年递增率来确定目标产量，可按式③计算：

$$T_y = (1 + \eta) \times Y \qquad ③$$

式中：

T_y——目标产量，单位为 kg/hm^2；

η——年递增率，用百分数（%）表示（烟草的年递增率参考一般粮食作物，为 10% ~ 15%）；

Y——前 3 年平均单产，单位为 kg/hm^2。

通过对正常成熟的烟草全株养分进行分析，测定每 100 kg 烟叶产量所需养分量，乘以目标产量即可获得作物所需养分总量，可按式④计算：

$$T_f = \frac{T_y}{100} \times H_f \qquad ④$$

式中：

T_f——目标产量所需养分总量，单位为 kg/hm^2；

T_y——目标产量，单位为 kg/hm^2；

H_f——每 100 kg 烟叶产量所需养分量，用百分数（%）表示。

土壤供肥量可以通过土壤有效养分校正系数估算。土壤有效养分校正系数可按式⑤计算：

$$\lambda = \frac{P_{uf}}{T_s \times \theta} \qquad ⑤$$

式中：

λ——土壤有效养分校正系数，用百分数（%）表示；

P_{uf}——缺素区烟草地上部分吸收该元素量，单位为 kg/hm²；

T_s——土壤测试值，单位为 mg/kg；

θ——土壤质量转换系数，等于 2.25×10^6 kg/hm²。

通过差减法按式⑥计算肥料当季利用率：利用施肥区烟草养分吸收量减去缺素区烟草地上部分吸收该元素量，其差值视为肥料供应的养分量，再除以施肥量与肥料中养分含量的乘积，就是肥料当季利用率。

$$R = \frac{T_{uf} - P_{uf}}{A_f \times F_c} \qquad ⑥$$

式中：

R——肥料当季利用率，用百分数（%）表示；

T_{uf}——全肥区烟草养分吸收量，单位为 kg/hm²；

P_{uf}——缺素区烟草地上部分吸收该元素量，单位为 kg/hm²；

A_f——施肥量，单位为 kg/hm²；

F_c——肥料中养分含量，用百分数（%）表示。

以计算氮肥利用率为例来进一步说明上述公式。

全肥区（NPK 区）烟草养分吸收量（T_{uf}）指"3414"方案中处理 6 的烟草总吸氮量；缺氮区（PK 区）烟草养分吸收量（P_{uf}）指"3414"方案中处理 2 的烟草总吸氮量；施肥量（A_f）指施用的氮肥肥料用量；肥料中养分含量（F_c）指施用的氮肥肥料所标明的含氮量。

如果同时施用了不同品种的氮肥，应计算所用不同品种氮肥的总氮量。

供施肥料包括无机肥与有机肥。无机肥、商品有机肥养分含量按其标明量，不明养分含量的有机肥养分含量可参照当地不同类型有机肥养分平均含量获得。

"3414"完全实施方案："3414"是指氮、磷、钾 3 个因素、4 个水平、14 个处理。4 个水平的含义：0 水平指不施肥，2 水平指当地推荐施肥量，1 水平为 2 水平的 0.5 倍，3 水平为 2 水平的 1.5 倍。具体见表 3 - 11。有机肥统一被用作底肥，如果需要配合研究有机肥或中量元素、微量元素肥料效应，可在此基础上增加处理。

表 3 - 11　"3414"完全实施方案处理

试验编号	处　理	水　平		
		氮(N)	磷(P)	钾(K)
1	$N_0P_0K_0$	0	0	0
2	$N_0P_2K_2$	0	2	2
3	$N_1P_2K_2$	1	2	2
4	$N_2P_0K_2$	2	0	2
5	$N_2P_1K_2$	2	1	2
6	$N_2P_2K_2$	2	2	2
7	$N_2P_3K_2$	2	3	2
8	$N_2P_2K_0$	2	2	0
9	$N_2P_2K_1$	2	2	1
10	$N_2P_2K_3$	2	2	3
11	$N_3P_2K_2$	3	2	2
12	$N_1P_1K_2$	1	1	2
13	$N_1P_2K_1$	1	2	1
14	$N_2P_1K_1$	2	1	1

　　"3414"部分实施方案:"3414"部分实施方案是在保持测土配方施肥田间试验总体设计完整性的情况下,考虑区域土壤养分特点,试验氮、磷、钾某一个或两个养分效应的试验方案。如重点试验氮、磷效果,可在 K_2 作底肥的基础上进行氮、磷二元肥料效应试验。具体处理及其与"3414"实施方案处理编号对应情况见表 3 - 12。

表 3 - 12　氮、磷二元二次肥料试验设计与"3414"实施方案处理编号对应表

处理编号	"3414"实施方案处理编号	处　理	水　平		
			氮(N)	磷(P)	钾(K)
1	1	$N_0P_0K_0$	0	0	0
2	2	$N_0P_2K_2$	0	2	2
3	3	$N_1P_2K_2$	1	2	2
4	4	$N_2P_0K_2$	2	0	2
5	5	$N_2P_1K_2$	2	1	2

续表

处理编号	"3414"实施方案处理编号	处 理	水 平		
			氮(N)	磷(P)	钾(K)
6	6	$N_2P_2K_2$	2	2	2
7	7	$N_2P_3K_2$	2	3	2
8	11	$N_3P_2K_2$	3	2	2
9	12	$N_1P_1K_2$	1	1	2

2. 配方确定

组织相关专家统筹分析土壤测试和田间肥效试验结果,分区域制定烟草专用配方。配方确定可采用烟草测土配方施肥专家系统或下列方法:

(1)总养分的确定。根据土壤实际情况确定配方肥料的总养分,专用配方肥料的氮、磷、钾养分含量总和不低于25%。一个种植区域内大配方系列的各个配方的总养分应一致。

(2)配方肥料中氮含量的确定。在一个配方系列中,各配方中氮的含量应基本一致。按配方肥料中氮含量占配方肥料总养分的20%~30%确定配方肥料中的氮含量。

(3)配方肥料中磷、钾含量的确定。计算磷钾比值:根据种植区域内烟草若干组氮、磷、钾养分施用量,计算各组磷钾比值(P_2O_5/K_2O 比值,结果保留两位小数),记为 B_i。

计算比差对差异(V_i):升序排列 B_i 数据,由小到大分别用 B_1、B_2、$\cdots B_i$ 表示。由小到大相邻两个比值为一个比差对。设这些比差对的两个比值由小到大分别为 B_i 和 B_{i+1}($i \geqslant 1$,i 为自然数)。按式⑦计算这些比差对的差异,结果保留两位小数:

$$V_i = \frac{B_{i+1} + B_i}{B_i} \times 100\% \qquad ⑦$$

式中:

B_i——第 i 条记录的磷钾比值;

B_{i+1}——第 $(i+1)$ 条记录的磷钾比值;

V_i——第 i 条记录和第 $(i+1)$ 条记录的比差对差异。

筛选比差对:若 $V_i \geqslant 10\%$,则保留该比差对;若 $V_i < 10\%$,则不予保留。若最后

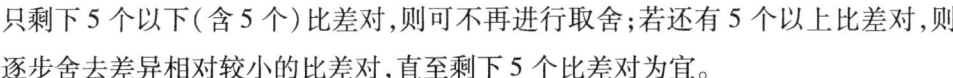

只剩下 5 个以下(含 5 个)比差对,则可不再进行取舍;若还有 5 个以上比差对,则逐步舍去差异相对较小的比差对,直至剩下 5 个比差对为宜。

确定比值分段值和系列配方编号:根据上一步保留的比差对按式⑧计算分段值(D_j),将升序排列后的磷钾比值最少分为 6 段,最多分为 10 段:

$$D_j = \frac{B_i + B_{i+1}}{2} \qquad ⑧$$

式中:

D_j——第 j 个分段值;

B_i——第 i 条记录的磷钾比值($i \geqslant 1$,i 为自然数);

B_{i+1}——第 $(i+1)$ 条记录的磷钾比值。

第 1 段比值:$B_i \leqslant D_j$,设计 1 号配方肥料的配方;

第 2 段比值:$D_1 < B_i \leqslant D_2$,设计 2 号配方肥料的配方;

第 3 段比值:$D_2 < B_i \leqslant D_3$,设计 3 号配方肥料的配方;

第 4 段比值:$D_3 < B_i \leqslant D_4$,设计 4 号配方肥料的配方;

第 5 段比值:$D_4 < B_i \leqslant D_5$,设计 5 号配方肥料的配方;

第 6 段比值:$B_i > D_5$,设计 6 号配方肥料的配方。

按式⑨计算上式中各比值段中所有比值的加权平均值(L_j),保留两位小数:

$$L_j = \frac{B_{j1}S_{j1} + B_{j2}S_{j2} + \cdots B_{jn}S_{jn}}{S_{j1} + S_{j2} + \cdots S_{jn}} \qquad ⑨$$

式中:

L_j——第 j 个比值段中所有比值的平均值(结果保留两位小数),$j = 1,2,3,4,5,6$,对应 6 个比值段和 6 个肥料养分配方;

B_{jn}——第 j 个比值段中的第 n 个比值,n 为自然数;

S_{jn}——第 j 个比值段中的第 n 个比值所对应的烟草种植面积,n 为自然数,单位为 hm^2。

配方中磷、钾养分含量计算。分别按式⑩和式⑪计算配方中磷、钾养分含量:

$$P_j = (Z - N_j) \times \frac{L_j}{1 + L_j} \qquad ⑩$$

$$K_j = (Z - N_j) \times \frac{1}{1 + L_j} \qquad ⑪$$

式中：

j——$j=1,2,3,4,5,6$，对应6个肥料养分配方；

P_j——第j号肥料养分配方中磷（P_2O_5）的含量，用百分数（%）表示，取整数；

Z——肥料养分配方的总养分，取整数，用百分数（%）表示；

N_j——第j号肥料养分配方中氮（N）的含量，用百分数（%）表示，取整数；

L_j——第j个比值段中所有比值的平均值，结果保留两位小数；

K_j——第j号肥料养分配方中钾（K_2O）的含量，用百分数（%）表示，取整数。

（4）确定配方肥料的用量。

选用适宜配方型号的肥料：用上面计算所得的某磷钾比值与所确定的分段值 D_j 比较，选用该磷钾比值所处比值段所对应配方的配方肥料。

配方肥料用量计算：

不施或少施有机肥情况下的配方肥料用量计算，在年有机肥投入量（以农家肥鲜重计）不超过 30 000 kg/hm² 的情况下按式⑫计算：

$$M_j = \left(\frac{M_P}{P_j} + \frac{M_K}{K_j}\right) \times \frac{1}{2} \qquad ⑫$$

式中：

j——$j=1,2,3,4,5,6$，对应6个比值段和6个肥料养分配方；

M_j——应用j号配方肥料的用量，单位为 kg/hm²，取整数；

M_P——应施用的磷（P_2O_5）养分用量，单位为 kg/hm²；

P_j——所选用j号配方肥料中磷（P_2O_5）的含量，用百分数（%）表示；

M_K——应施用的钾（K_2O）养分用量，单位为 kg/hm²；

K_j——所选用j号配方肥料中钾（K_2O）的含量，用百分数（%）表示。

施用较多有机肥情况下的配方肥料用量计算，在年有机肥投入量（以农家肥鲜重计）超过 30 000 kg/hm² 的情况下按式⑬计算：

$$M_j = \left(\frac{M_P}{P_j} + \frac{M_k}{K_j}\right) \times \frac{1}{2} \times \left(1 - \frac{W - 30\ 000}{7500}\right) \times 10\% \qquad ⑬$$

式中：

W——施用有机肥的实物量，单位为 kg/hm²。

3. 肥料的购买

（1）肥料供应商：通过公开、公平的招标确定供应商，由省或市烟草公司统一负责采购。

（2）数量及种类：采购的数量及种类以烟田的面积、测土配方的结果为依据确定。

（3）检测：对所有肥料进行抽样检测，检测方法和质量要求参照《复混肥料（复合肥料）》（GB 15063—2009）及国家烟草专卖局的相关规定。

（4）储藏：肥料在未发放给烟农之前，由烟叶站或烟农合作社进行保管，储藏环境必须安全、妥当。

（5）肥料发放：根据烟农与烟草公司签订的种植协议书确定发放肥料的数量及种类。

（四）施肥技术

1. 施肥量

中等肥力烟田每 667 m² 施纯氮 6.8～7.5 kg，中上等肥力烟田每 667 m² 施纯氮 6.5～7.2 kg，中下等肥力烟田每 667 m² 施纯氮 7.5～8.0 kg。

基肥：基肥纯氮施用量占总施氮量的 50%～70%。中等肥力烟田每 667 m² 施基肥（复合肥）50 kg 左右，中偏上等肥力烟田每 667 m² 施基肥（复合肥）45 kg 左右，中偏下等肥力烟田每 667 m² 施基肥（复合肥）55 kg 左右。

追肥：第 1 次追肥（N∶P∶K 为 22∶14∶10）每 667 m² 5 kg，第 2 次追肥（N∶P∶K 为 15∶0∶30 或 13∶0∶26）每 667 m² 10～15 kg。

2. 施肥时间

基肥在起垄前一次性施入。第 1 次追肥根据烟农习惯，可以在移栽时、移栽后 7～10 d 分 2 次施用，也可以在移栽后 5～7 d 施用。第 2 次追肥在移栽后 20 d 左右施用。对长势较差或雨水较多导致肥料流失严重的烟田，可酌情再次追肥，所有肥料在移栽后 35 d 内施用完毕。

3. 施肥方法

基肥施用方法：①条施。对井窖式移栽、小苗膜下移栽采取条施方式，土地平整之后，在准备起垄的中心线把全部基肥均匀地撒在沟里，然后起垄。②窝施。大窝深栽方式移栽的可采用窝施。在垄的中央挖 15 cm 深的大窝，按每窝用量准确施入基肥，用细土拌匀，再覆盖 3～5 cm 厚的泥土后即可移栽烟苗。

追肥施肥方法：提苗肥（水溶根施肥的配方Ⅰ）兑水，用施肥枪施用。第 2 次追肥可采取穴施方式，一般以离烟株 10 cm 以上为宜，施后即可盖土，避免肥料损失。

土壤水分不足的情况下宜兑水施用。

4.烤烟专用水溶根施肥施用

烤烟专用水溶根施肥按照每 667 m² 1 套配发(含 3 个配方)。

配方Ⅰ:$N:P_2O_5:K_2O=22:14:10(2.5 kg/包,共 1 包)$;

配方Ⅱ:$N:P_2O_5:K_2O=14:19:20(9 kg/包,共 1 包)$;

配方Ⅲ:$N:P_2O_5:K_2O=11:2:37(12 kg/包,共 1 包)$。

施用时间及施用量:烤烟专用水溶根施肥分 3 次施用。第 1 次作为定根水在移栽时施用配方Ⅰ;第 2 次在移栽后 15~20 d(封井填土时)施用配方Ⅱ;第 3 次在移栽后 35~40 d(团棵期)施用配方Ⅲ,最迟施用时间不能超过移栽后 45 d。

施肥方法:每 667 m² 烟田用水量为 350 kg 以上。其中,移栽当天用水量每 667 m² 烟田不小于 250 kg,第 2 次施肥用水量每 667 m² 烟田不小于 40 kg,第 3 次施肥用水量每 667 m² 烟田不小于 60 kg。兑水后用施肥枪施用。施用烤烟专用水溶根施肥的烟田,基肥要减少 20% 以上。

四、烟苗生产

(一)组织管理

烟农每年与烟草公司签订烟草种植收购合同,确定种植面积和交售烟叶数量;烟叶站与烟农合作社签订育苗委托协议,将当年计划的育苗量交由合作社承担,明确其相关责任;同时烟农也需要与合作社签订供苗服务协议,确定自己当年需苗数量。

育苗整个过程中,烟叶站主要有以下职责:

(1)负责组织签订育苗、供苗协议。

(2)督促指导烟农合作社开展苗床制作、旧盘消毒、播种、水肥管理、间苗补苗、剪叶、烟苗发放等工作。

(3)负责烟苗质量验收。

(4)负责烟苗全过程管理监督检查及考核。

烟农合作社主要有以下职责:

(1)组建专业化育苗队伍。

（2）收取育苗押金。

（3）组织开展育苗全过程技术的落实、管理和督促检查。

（4）填写育苗过程记录。

（5）负责回收育苗物资（育苗盘、农膜），并将育苗膜运送到地膜回收加工厂。

（二）育苗管理

1. 漂浮育苗技术

漂浮育苗：漂浮育苗属于无土栽培范畴，是指在温室或塑料棚内利用成型的聚苯乙烯格盘作为载体，装填人工配制的适宜基质后，将育苗盘漂浮于含有完全营养的育苗池水中，完成种子的萌发及成苗过程。

托盘育苗：将种子直接播撒到装有基质的托盘上，托盘放在营养池里，提供烟苗生长发育所需的光、温度、水、氧气、营养物质等，使烟苗正常生长发育。

（1）基质。

原料：珍珠石、蛭石、泥炭、草炭、炭化谷壳等。

外观：手感松软、吸水性好，各种物料混合均匀且成颗粒状。

容积：容积≥70 L/袋，可装满 16 个育苗盘。

理化指标：1～5 mm 粒径≥40%、容重 0.15～0.35 g/cm^3、电导率≤950 μS/cm、总孔隙度 80%～95%、pH 5.0～7.0、有机质含量≥20%、腐殖酸 10%～40%、有效铁离子含量≤1000 mg/kg、水分 20%～45%。

出苗率：育苗棚内温度高于 15 ℃，播种后 20 d 内出苗率在 90% 以上（按播种孔数计）；出苗后 15～20 d，达大十字期苗数量在 50% 以上。

杂草：100 孔中长出的杂草株数≤2 株。

重金属：镉≤1.5 mg/kg、汞≤1.0 mg/kg、砷≤75 mg/kg、铅≤50 mg/kg、铬≤100 mg/kg、镍≤50 mg/kg。

（2）育苗盘及肥料。

目前，贵州省烤烟生产上普遍采用聚苯乙烯膨化制成的 160 孔育苗盘，每穴容量约为 22.9 mL。具体标准：

原料：100% 全新聚苯乙烯。

外观：白色，表面平整、光滑、无明显鼓胀、收缩变形，熔结良好，无明显掉粒现象或裂痕，无机械性杂质。

重量:单个空盘烘干重量 200 g,正偏差 10 g,负偏差 5 g,平均重量在 200 g 以上。

规格:160 孔,长度 570 ± 3 mm,宽度 360 ± 3 mm,高度 60 ± 3 mm,上口 (30 ± 2)mm × (30 ± 2)mm,下口(9 ± 2)mm × (9 ± 2)mm,居中落水孔直径 5 ± 1 mm,落水孔厚度 4 ± 1 mm。

物理机械性能:压缩强度(相对形变 10% 时的压缩应力)≥75 N。

育苗肥:采用氮、磷、钾含量配比为 15∶10∶18 的复混肥料作为育苗专用肥。总养分≥43%;硝态氮≥55%;微量元素:Mg = 0.04%(硫酸镁)、B = 0.02%(硼肥)、Zn = 0.02%(硫酸锌)、Mo = 0.005%(钼酸铵)、Mn = 0.02%(硫酸锰)、Fe = 0.04%(硫酸亚铁)。

(3)育苗用水。

育苗用水必须清洁、无污染,且需对其进行水质分析。烟草漂浮育苗水质要求见表 3 – 13。可用自来水、井水,禁止用坑塘水或被污染的河水。

表 3 – 13　烟草漂浮育苗水质成分允许范围

指　标	允许范围
pH	6.0 ~ 7.5
碱　度	2.78 ~ 5.56/(mmol · L^{-1})
硝态氮	0.0 ~ 5.0/(mg · kg^{-1})
磷	0.0 ~ 5.0/(mg · kg^{-1})
钾	0.0 ~ 5.0/(mg · kg^{-1})
钙	40 ~ 100/(mg · kg^{-1})
锌	15 ~ 50/(mg · kg^{-1})
铜	0.0 ~ 2.0/(mg · kg^{-1})
铁	0.0 ~ 2.0/(mg · kg^{-1})
锰	0.0 ~ 2.0/(mg · kg^{-1})

苗池于播种前 1 d 灌入清洁、无污染的水,pH 为 6.0 ~ 7.5,加水 4 ~ 6 cm。如果出现漏水跑肥现象,应更换底膜后及时加水补肥。水面不能暴露在阳光下,以防藻类滋生。

(4)播种准备。

时间要求:播种前 10 d 准备完毕。

苗床地选择及准备:选择地势平坦、地形开阔,四周无高大树木等遮挡,地下水位较低的地方;避开风口、风道;有电源和洁净水源,周围无有害气体、无大量扬尘;交通便利,方便管理。禁止选择当年种植过茄科及蔬菜的地块或烟草病害较严重的地块作为苗床地,彻底清除育苗场地四周杂草。苗床地应距离蔬菜地 100 m 以上。育苗大棚要定期清理,确保透光。

　　育苗场所卫生清理和消毒:育苗前 20 d 清除大棚内外杂物,平整苗池后用二氧化氯 500 倍液对场地进行消毒。育苗区周围要设栅栏等隔离带,将育苗区与非育苗区隔离开。一个育苗区仅留一个出入口,出入口处设消毒池,旁边还要置一容器装消毒液供进入育苗区的人洗手消毒。每个育苗点在加池水前,必须对整个育苗场地及所用竹条(小拱棚钢架)用二氧化氯 500 倍液进行全面喷雾消毒处理。

　　育苗盘消毒:新盘可直接使用,旧盘必须进行消毒处理,清除旧盘苗孔内的残余基质和残根后,用二氧化氯 500 倍液浸泡或喷雾消毒育苗盘,将盘正反两面均匀喷湿,以不滴水为度,再用塑料薄膜密封 24 h,然后用清水冲洗,晾干待用。

　　加池水:于播种前 3~5 d 先蓄水盖棚膜,检查育苗池是否漏水。每标准池加水深度 4~6 cm,要求用洁净的自来水、井水或无污染的河水,不得使用未经消毒的稻田水、坑塘水等。

　　(5)播种。

　　结合移栽时间、移栽方式和当期气温确定播种时间,在确保烟苗生育期的前提下,留足出苗时间。

　　苗池施肥:确保苗池不漏水后,于播种当天按每盘 10 g 加入专用苗肥。施肥时先用少量温水将育苗肥充分溶解,再均匀倒入池中,充分搅拌使之均匀。

　　装盘:装盘前首先要检查育苗盘底孔是否堵塞,有堵塞的孔须先钻通。先在地上铺一张干净薄膜,如果基质在运输储存过程中有结块成团现象,应将基质过筛,然后喷水调整基质湿度,以手握成团、触之即散为宜(湿度为 45%~55%)。绿藻发生较重区域,用 100 mg/kg 的硫酸铜喷洒基质。装盘时用直木板将基质推到盘的各角,如此操作 2~3 次,装后轻蹾育苗盘使基质稍紧实(但不要用手拍压基质),使基质装填达到每一孔均匀一致,不架空、不过紧,松紧适中。

　　播种:采用播种器播种,每穴 1~2 粒包衣种,播于苗穴中央。

　　育苗盘入池:将播好种的育苗盘平放入营养池中,用喷雾器对盘面进行喷水裂解,然后用竹筛装入少量基质,在盘上来回筛盖,以种子似现非现为宜。播种 24 h

后,检查基质吸水情况,若发现有部分孔穴基质干燥现象,应检查穿孔或用手适度将盘下压,让其吸水,切记不能从上面喷水。

大(中)棚套小棚:为提升育苗环境温度,播种后在大(中)棚里套小棚,增加棚内温度。

(6)苗床管理。

播种至出苗前温度、湿度管理:此期盖膜密封时间为 10~15 d 或更长,根据外界温度条件灵活掌握。播种后 10 d 起检查种子露白情况,隔天检查 1 次,当种子开始露白后,应及时通风换气。

出苗至三真叶期温度、湿度管理:采用间断性通风换气方式进行管理,即通风孔白天开晚上关,遇低温时还可隔天开 1 次。棚内湿度可根据膜上水珠多少进行判别,水珠越多,则湿度越大,反之则湿度越小。操作时,若膜上水珠少或无,则应以保温为主;反之,若膜上水珠较多且往下滴,则应注重排湿换气。

三真叶期后温度、湿度管理:棚门一般应保持昼夜打开,避免高温烧苗(床内温度不能高于 30 ℃)。若两个门完全打开后不能满足温度、湿度要求,可在棚的两侧对称增设通风孔进行调节,通风孔大小为 50 cm。

间苗、定苗:烟苗长至小十字至大十字期时,应及时间苗,补齐缺株,同时按每盘 20 g 肥料加肥。在部分盘上适当多留 15% 的壮苗,以备补苗(保证每穴 1 株)。

水肥管理:确保水池中肥料浓度在 150~200 mg/kg 之间。一般情况下,在第 1 次剪叶后应按每盘 15 g 追肥 1 次。苗床中期和后期为了方便管理,加水加肥可同时进行。正常情况下,每加 1 次水可同时加 1 次肥,每次用量为 15 g/盘,具体标准应以烟苗长势长相而定。追肥时先将肥料用足量水充分溶解,抬出部分育苗盘后,再将溶解后的营养液倒入池内,充分搅匀后放回育苗盘。

剪叶:剪叶是培育壮苗的关键。烟苗封盘后进行第 1 次剪叶,同时去除胎脚叶和掐叶亮秆,调整烟苗大小一致;以后剪叶间隔时间以烟苗长势而定,只进行平剪,一般剪叶 1~2 次,高茎壮苗剪叶 3 次,栽前 5 d 左右停止剪叶。剪叶方法:第 1 次剪叶要及时,实行轻剪,只剪去长势较快烟苗大叶片的 1/3~1/2,使烟苗叶面积基本相等即可,然后用剪刀剪掉下部胎叶和用手掐去烟株下部的黄叶和老叶,使茎秆充分接受光照,增强茎秆的韧性;以后剪叶则用剪叶器进行平剪(以不伤及心叶为宜)。

炼苗:移栽前 7~10 d,断水、断肥炼苗 2~3 次,以烟苗中午萎蔫、早晚能恢复为宜。移栽前 2 d 停止炼苗,把育苗盘放入营养池中,让烟苗吸足水分,在池中施 1

次送嫁肥(50 kg 水加肥料 0.025 ~ 0.500 kg),保证烟苗吸足水肥。

工具和人员消毒:间苗、定苗、剪叶等关键环节必须由固定的专业人员和使用专用工具进行。每次操作前,操作人员用肥皂充分洗手,用 10% 二氧化氯 200 倍液消毒剪刀,消毒自动喷药剪叶器选用丙唑·咪鲜胺、混脂·硫酸铜等 600 倍液。

(7)成苗标准。

膜下小苗标准:苗龄(出苗到成苗)40 ~ 45 d,茎围 1.2 cm 左右,茎高 3 ~ 5 cm,叶片数 4 ~ 5 片,叶色绿色,根粗壮,侧根发达。无病菌、病毒侵染症状,无虫害损伤。烟苗大小均匀,整齐一致,生长势强,群体健壮,成苗率在 85% 以上,取苗基质不散。

井栽壮苗标准:苗龄(出苗到成苗)45 ~ 50 d,茎围 1.5 cm 左右,茎高 4 ~ 5 cm,叶片数 5 ~ 6 片,叶色绿色,根粗壮,侧根发达。无病菌、病毒侵染症状,无虫害损伤。烟苗大小均匀,整齐一致,生长势强,群体健壮,成苗率在 85% 以上,取苗基质不散。

高茎壮苗标准:苗龄(出苗到成苗)55 ~ 65 d,茎高 8 ~ 12 cm,茎围 1.8 ~ 2.2 cm,韧性好,叶片数 6 ~ 7 片,叶色绿色,根粗壮,侧根发达。无病菌、病毒侵染症状,无虫害损伤。烟苗大小均匀,整齐一致,生长势强,群体健壮,成苗率在 85% 以上,取苗基质不散。

(8)主要病虫害防治。

病毒病:每次剪叶前 1 d,对烟苗喷施病毒抑制剂,可选用 24% 毒消 600 ~ 900 倍液、1.45% 病毒必克 500 ~ 600 倍液等;揭膜炼苗前 1 ~ 3 d 内,对苗床周围 30 ~ 50 m 范围的杂草、冬季蚜虫寄主作物,用 10% 吡虫啉 3000 倍液或 3% 啶虫脒 1500 ~ 2000 倍液喷施 1 次;移栽前 1 d 喷施 1 次 10% 吡虫啉 3000 倍液(或 3% 啶虫脒 1500 倍液)+24% 毒消 600 倍混合液。

立枯病:用 20% 移栽灵 1500 倍液,于烟苗封盘时喷施 1 次,移栽前 3 ~ 5 d 再喷施 1 次。

烟蚜:若仅仅防治烟蚜,可根据虫情选用 10% 吡虫啉 3000 倍液或 3% 啶虫脒 1500 ~ 2000 倍液喷施 1 ~ 2 次。

野蛞蝓和蜗牛:每 667 m² 施用 6% 四聚乙醛(密达)颗粒剂 33 g,均匀撒施于床埂四周和盘面(出苗后施用应避免施于烟苗上)。

(9)供苗。

育苗点距离烟田较近时,选择拔苗移栽。首先选择长势健壮、无病虫害的烟苗拔出育苗盘穴后,装入筐中或篮中,把长势较弱的烟苗留在营养池中,用于后续移栽或补苗。育苗点距离烟田较远时,选择整盘发放。每天发放量以满足当天移栽数为准,不建议烟农一次性把烟苗运走后放在家中。

2.托盘水床育苗技术

(1)育苗系统的构建。

基质:无病肥土、腐熟草粪、火土灰,按体积比为 5∶3∶2 混匀。将腐熟草粪晾晒后磨细碎,然后分别将疏松肥土、腐熟草粪、火土灰过筛,过筛后的最大颗粒直径小于 0.5 cm。

基质消毒:配好的基质应严格用土壤消毒剂进行熏蒸消毒。适量水分的基质以 5 cm 厚度平铺好,用 50 mL 斯美地兑水稀释成 80 倍药液均匀喷洒,湿透 3 cm 以上,然后覆盖 5 cm 厚营养土,再喷洒药液,重复成堆。堆高 25 cm,便于盖膜密封。处理 10 d 后揭膜,将熏蒸过的营养土充分松翻 1 次,2 d 后再松翻 1 次,使药气充分散去,即可装盘使用。

育苗托盘规格:塑料托盘呈单钵倒锥形, 长、宽、高分别是 59 cm、34 cm、6.5 cm,每盘 160 孔,上口直径 5 cm,底部直径 1.5 cm,钵高 6.5 cm。

营养池:营养池长 480 cm、宽 70 cm、深 6 cm。

育苗肥:采用氮、磷、钾含量比例为 20∶10∶15 的肥料作为育苗专用肥。

营养池的建造:用火砖砌埂或直接筑土埂,制作成长方形池子,每个池子放 16 个托盘。池底必须平整、光洁、紧实,若池底不平,要用细沙填平,中间用竹竿或木杆隔开成两个小池。池子四周要有排水沟,防止雨水冲淹苗床。

铺膜加营养液:在池里铺上一层黑膜。将苗肥溶解后等量分别注入小池,与池水搅拌均匀,将池水配成含氮量为 $(150 \sim 200) \times 10^{-6}$ 的营养液,营养液深度为 2 cm。

(2)装盘、播种、入池。

保持托盘底部的孔通畅,将适宜水分的基质装入托盘,装盘时将基质自然填于每一孔,刮去盘面多余基质,不能压得过紧。托盘的每一种植孔播入 2 粒包衣种,撒上少量基质,用木板轻压一下托盘表面,让包衣种与基质充分接触。将已播好种的托盘轻轻放入池中。

(3)苗期管理。

间苗、补苗:当烟苗长到 3 片真叶时开始间苗,保证每孔有一棵健壮苗。间苗时补齐缺苗的孔。

水肥管理:托盘水床育苗,要加强对水分和营养液的管理,在出苗前要保证池中有营养液,深度不能超过 2 cm,出苗后要控制营养液,待营养液蒸发干后再补充 1~2 cm,重复操作至烟苗长到 5 片真叶。烟苗长到 5 片真叶时,以基质表面稍露白或烟苗轻度萎蔫为补充营养液的信号。此期要注意揭膜通风,减小棚内湿度,防止烟苗发生病害。

温度控制:苗床前期要注意保温,当温度低于 10 ℃时,要盖严薄膜。出苗后,厢两头开孔,孔宽 50 cm、高 33 cm 左右,厢两边对称开 6 个孔,孔宽 40 cm、高 27 cm 左右,避免十字期因湿度大而化苗。苗床中期和后期温度高于 30 ℃时,要揭开膜两头加强通风,防止高温烧苗。

苗床剪叶:烟苗封盘后茎高 1~2 cm 时剪叶,同时去掉盘下过长主根,剪叶 1~2 次。栽前 3 d 左右控肥炼苗,达到井窖式壮苗标准时取苗移栽。

控水炼苗:从移栽前 10 d 开始控水、控肥炼苗 1 周,根据烟苗萎蔫情况加清水。栽前 2 d 要保证烟苗吸足水、肥,再移栽入大田。

病虫害防治:操作者的手等和所有操作环节所用的工具必须消毒。

(4)成苗标准。

同漂浮育苗成苗标准。

(5)托盘回收和储存。

在烟苗移栽结束后应及时回收托盘,清除托盘上的基质残留物,统一集中进行消毒处理后储存,用 5∶1(体积分数)的水和次氯酸钠溶液浸泡消毒,或在盘上直接喷次氯酸盐。消毒处理后用薄膜密封 24 h,然后用清水冲洗,晾干水分后存放在阴凉处。托盘消毒后不可立即使用,待次氯酸盐完全挥发后方可使用。

五、移 栽

我省一般多采用井窖式移栽技术。井窖是指在待栽的土壤垄体上部制作一个上部为圆柱体、下部为圆锥体,外形类似微型水井和地窖的孔洞。

(一)烟苗要求

苗龄(出苗到成苗)45~50 d,茎围 1.5 cm 左右,茎高 4~5 cm,叶片数 5~6

片,叶色绿色,根粗壮,侧根发达。无病菌、病毒侵染症状,无虫害损伤。烟苗大小均匀,整齐一致,生长势强,群体健壮,成苗率在85%以上,取苗基质不散。

(二)井窖规格

上部为圆柱体,直径8～10 cm,高10～12 cm;下部为圆锥体,直径8～10 cm,高7～8 cm。图3－5为井窖示意图。

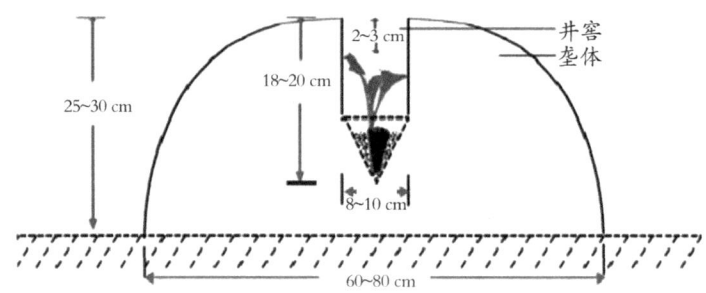

图3－5　井窖示意图

(三)操作步骤

1.整地、施肥、起垄与覆膜

清除上茬作物秸秆,深翻土地,深度≥30 cm,挖好排水沟。将70%的氮钾肥和全部磷肥作为基肥条施于垄底,肥料类型与养分配比按照《烤烟栽培技术规程》(GB/T 23221—2008)的要求执行。利用农机或人工起垄,垄底宽60～80 cm,垄面宽40 cm,高25～30 cm,起垄后的垄体外形饱满。

起垄时,当土壤含水率小于土壤田间饱和持水量的60%时,采用先栽烟后覆膜的方式;当土壤含水率大于等于土壤田间饱和持水量的60%时,采取先覆膜后栽烟的方式。

2.移　栽

以垂直提着烟苗叶片、根系向下的姿势将烟苗放入井窖内,应避免根部基质散落。同一农户在3 d内、同一基地单元在7 d内、同一个县在10 d内要全部完成大田移栽。根据土壤墒情、天气状况和气象预报,因地制宜选择移栽方式。移栽时选择壮苗移栽,淘汰弱苗、高脚苗、老苗、小苗。移栽当天要做好地下害虫防治工作。

3.淋施肥药水

配制:用占总施肥量 5% 的烤烟追肥[肥料 N∶K$_2$O = (6% ~17%)∶(25% ~41%)]配成 100 ~150 倍液的追肥液,加适量防治地下害虫的农药混匀,盛于专用水壶或无喷头的农用喷雾器内。

施用:将配制的溶液沿井窖壁淋下,或用无喷头的农用喷雾器杆尖对准井窖壁喷施,每井 50 ~200 mL(垄体含水率小于 50% 时,施用量 150 ~200 mL;垄体含水率为 50% ~70% 时,施用量 100 ~150 mL;垄体含水率大于 70% 时,施用量 50 ~100 mL)。

4.追　肥

第 1 次追肥:移栽后 7 ~10 d,追肥配方 22∶14∶10(N∶P$_2$O$_5$∶K$_2$O),每 667 m² 用量 2.5 ~5 kg,配制 40 ~50 倍液的追肥液,用施肥枪施用,并沿井窖壁喷施。

第 2 次追肥:移栽后 20 ~25 d,在距烟株基部 10 cm 的垄体上,制作深 10 ~12 cm、宽 2 ~3 cm 的追肥孔,将剩余 85% 的追肥施入追肥孔,覆土封严追肥孔。土壤水分不足时,可把肥料溶入水中,用施肥器施于烟根处。对长势较差或雨水较多导致肥料流失严重的烟田,可酌情再次追肥,所有肥料在移栽后 35 d 内施用完毕。

5.查苗与补苗

做好移栽后的地下害虫防治、查苗补缺、封井窖口、小苗偏管等工作,移栽后田间缺株率控制在 2% 以内,团棵期前田间烟株长势整齐一致。

移栽后及时查苗补缺。对生长不整齐的烟田要对小苗进行偏管,达到全田烟株长势长相整齐一致。补苗时需选择比移栽时烟苗大的健壮烟苗,并淋施水肥药液。当烟苗生长点超出井窖口 2 ~3 cm 时进行破壁并用细土填封井窖口。封井窖时进行除草破壁,并用细土把窖填满,地膜四周用细土压实。

六、打顶与抹杈

(一)打　顶

打顶早晚、留叶多少,要根据烟株长势、土壤肥力状况、天气情况灵活掌握。长势强、肥力足的烟田应晚打顶,反之要适当早打顶。打顶后的留叶数,云烟系列品种 16~20 片,K326 品种 20~22 片。

适时打顶:脚叶变黄 2~3 片或中心花开放 50% 左右时打顶。打顶时必须先处理无病烟株,再处理有病烟株,避免造成人为传染。打顶后要把摘下的烟花、烟杈带出烟田集中处理。打顶的同时抹掉烟杈,并及时用抑芽药剂淋芽。不要在雨天和有露水时打顶。

(1)扣心打顶:指烟株花蕾还包在顶端小叶内时实施的一种打顶方式。优点:能够最大限度地减少养分消耗,使烟株营养向叶片供应,提高烟叶的产量。缺点:花蕾与叶片不能完全分开,因此会打掉烟叶,造成留叶数偏少;更重要的是会造成烟碱含量增高,化学成分不协调。适用范围:烟株长势较差和高寒烟区的烟田。

(2)现蕾打顶:指在烟株花蕾已能与嫩叶明显分清时,将花蕾、花梗连同 2~3 片小叶(也称花叶)一并摘去的方式。优点:花蕾与烟叶能完全分开,能保证留叶数,烟株未开花即打顶,能使烟株营养集中供应叶片生长发育。缺点:对土壤肥力较好、烟株长势较旺的烟田,会造成叶片偏厚,烟碱含量超标。适用范围:土壤肥力较差、烟株长势较差的烟田。

(3)初花打顶:指在烟株花序伸长高出顶叶,中心花已开放时,将花轴、花序连同小叶一并摘去的方式。优点:该打顶方式能保证留叶数,同时花蕾生长和开花会消耗一定的烟株养分,有利于降低烟碱含量,协调烟叶内在化学成分。缺点:会影响烟叶产量。适用范围:烟株长势正常、群体结构合理、烟叶产量适中的烟田。

(4)盛花打顶:指在烟株花已大量开放时采用的一种打顶方式。优点:烟株开花会消耗较多的营养,对烟株长势旺盛的烟田可进一步协调烟株营养,降低上部叶烟碱含量。缺点:打顶过晚,叶片干物质积累受到影响,叶片变薄,产量降低。适用范围:烟株长势较旺的烟田。

(二)抹 杈

1.人工抹杈

强调早抹、勤抹,最好腋芽长至 3~5 cm 时抹去。

2.化学抑芽

使用触杀型抑芽剂或将触杀型抑芽剂与内吸型抑芽剂配合使用。

日本烟草国际公司要求不能使用二甲戊灵,从 2018 年开始要求中国供给其的出口烟叶的二甲戊灵为零检出。用含有二甲戊灵的烟叶生产出的卷烟存放一定时间后,卷烟盘纸会变成黄色。

七、不适用烟叶处理

(一)处理指标

打顶时开展不适用烟叶处理,减少不适用烟叶产出,优化烟叶结构。

(二)处理过程

根据烟株长势,坚持"重打下部叶、适打上部叶"的原则,因地制宜地开展不适用烟叶田间处理。

下部不适用烟叶处理:在烤烟大田移栽后打顶时进行下部不适用烟叶处理。原则上 K326、云烟系列品种处理 3～5 片,毕纳一号、韭菜坪 2 号等适当增加处理片数。

上部不适用烟叶处理:根据田间产量、烘烤数量,结合工业企业等级结构需求,合理确定上部不适用烟叶处理叶片。上部烟叶充分成熟后,顶部 1～2 片不采不烤,待采收结束时,与烟株一起拔除。对实行上部烟叶充分成熟一次性砍烤的,先去除顶部 1～2 片烟叶,再进行一次性砍收。

无烘烤价值烟叶处理:处理营养不良、过熟、假熟、病残叶等下部烟叶和开片不好、不能正常成熟的上部烟叶及残伤率超过 30% 的烟叶。烟叶清除后带出烟田,挖坑深埋集中处理,防止污染烟田和水源。

烘烤环节不适用烟叶处理:坚持分类采收、分类编烟,彻底清除田间环节未处理到位和采收运输环节机械损伤率超过 30% 的烟叶。烟叶下炕后,要清除青杂叶、严重烤坏叶,并进行集中销毁。

八、烘　烤

(一)烤房容量管理

烤房容量要与种烟面积匹配,大型密集烤房(8.0 m×2.7 m×3 层)承烤面积为 1.3 ~ 1.7 hm²。

(二)烤房烤前管理

在烤前对烤房热交换器进行维护与养护,检查烤房密闭性,避免出现烘烤时烤房漏气和烘烤煤气进入烤房循环气体中,降低烟草特有亚硝胺含量。

(三)绿色烘烤

在烘烤环节,加大绿色、环保、可再生等能源在烘烤上的使用,尽可能降低对环境的危害程度。积极扩大太阳能烘烤、天然气烘烤和生物质能烘烤覆盖面积。积极探索烤房烟气排放处理措施,降低烤房烟气的温室气体排放量。

(四)采收烘烤操作技术

大力推广密集烘烤技术,按照"十个关键稳温点"烘烤工艺开展烘烤。

1. 蜜甜香型烟区

(1)成熟采收:

脚叶:移栽后 55 ~ 60 d 清除脚叶。

下二棚叶:主脉 1/2 ~ 2/3 变白,支脉 2/3 变白,叶尖茸毛部分脱落,叶色绿黄,叶面落黄 3 ~ 4 成,叶尖、叶缘稍下垂。脚叶清除后 7 ~ 10 d 采收下二棚叶,首次采收 4 片烟叶。

腰叶:主脉 2/3 ~ 3/4 变白,支脉 3/4 变白发亮,叶色黄多绿少,落黄 7 ~ 8 成,茸毛部分脱落,叶尖、叶缘下垂,叶面起皱。

上二棚叶:主脉变白发亮,支脉 3/4 全白,叶色浅黄,落黄 8 成左右,成熟斑明显。

顶叶:主脉变白发亮,支脉基本全白,叶色浅黄,落黄 8 成以上,成熟斑明显。

(2)烘烤工艺:

变黄阶段:点火升温并开启循环风机,烧小火将烤房温度升高到 35 ℃左右,保持湿球温度 34 ℃,稳温 6 ~ 8 h,直至叶尖变黄 10 cm(变黄 3 成左右);将干球温度以 1 ℃/h 的速度升至 38 ℃,稳温 16 ~ 22 h,控制湿球温度在 36 ~ 37 ℃之间,使 80% 左右的烟叶变黄至 7 ~ 8 成;以 1 ℃/2 h 的速度将干球温度升至 40 ℃,湿球温度控制在 36 ~ 37 ℃之间,稳温 6 ~ 10 h;然后将干球温度升至 42 ℃,湿球温度为

37 ℃,稳温 10~16 h,使整炕烟叶实现黄片青筋微带青,叶片凋萎塌架、主脉变软。

定色阶段:将干球温度以 1 ℃/3 h 的速度升至 45 ℃,湿球温度为 37 ℃,稳温 6 h,实现支脉断青发白;将干球温度以 1 ℃/3 h 的速度升至 48 ℃,湿球温度为 37~38 ℃,稳温 6~12 h,实现叶片半干、主脉褪青泛白,大部分烟叶达到小卷筒;将干球温度以 1 ℃/3 h 的速度升至 50 ℃,湿球温度为 38 ℃,稳温 6 h;再以 1 ℃/2 h 的速度将干球温度升至 54 ℃,湿球温度为 39 ℃,稳温 14~16 h,直至叶片达到干燥大卷筒。

干筋阶段:以 1 ℃/h 的速度将干球温度升至 60 ℃,湿球温度为 40 ℃,稳温 4 h;再以 1 ℃/h 的速度将干球温度升至 68 ℃,湿球温度为 41 ℃,稳温 20~24 h,直至烟筋全干。

2.清甜香型烟区

(1)成熟采收:

脚叶:移栽后 55~60 d 清除脚叶。

下二棚叶:主脉 1/2~2/3 变白,支脉 2/3 变白,叶尖茸毛部分脱落,叶色绿黄,叶面落黄 2~4 成,分层落黄明显,叶尖、叶缘稍下垂。脚叶清除 7~10 d 后开采下二棚叶,首次采收 4 片烟叶。

腰叶:主脉 1/2~3/4 变白,支脉 3/4 变白发亮,叶面落黄 6~7 成,茸毛部分脱落,叶尖、叶缘下垂,叶面起皱。

上二棚叶:主脉变白发亮,支脉 3/4 变白,叶面起黄色或白色泡状凸起,叶片浅黄色,落黄 7 成以上。

顶叶:主脉变白发亮,支脉基本全白,叶面起黄色或白色泡状凸起,叶片浅黄色,落黄 8 成以上。

(2)烘烤工艺:

变黄阶段:点火升温并开启循环风机,烧小火将烤房温度升高到 33 ℃左右,保持湿球温度为 32 ℃,稳温 6~8 h,直至叶尖变黄 10 cm(变黄 3 成左右);将干球温度以 1 ℃/h 的速度升至 38 ℃,稳温 16~22 h,控制湿球温度在 36~37 ℃,使80%左右的烟叶变黄 7~8 成;以 1 ℃/2 h 的速度将干球温度升至 40 ℃,湿球温度为 36~37 ℃,稳温 6~10 h;然后将干球温度升至 42 ℃,湿球温度为 37 ℃,稳温 10~16 h,使整炕烟叶达到黄片青筋微带青,叶片凋萎塌架、主脉变软。

定色阶段:将干球温度以 1 ℃/3 h 的速度升至 45 ℃,湿球温度为 37 ℃,稳温

6 h,实现支脉断青发白;将干球温度以 1 ℃/3 h 的速度升至 48 ℃,湿球温度为 37 ~ 38 ℃,稳温 6 ~ 12 h,实现叶片半干、主脉褪青泛白,大部分烟叶达到小卷筒;将干球温度以 1 ℃/3 h 的速度升至 50 ℃,湿球温度为 38 ℃,稳温 6 h;再以 1 ℃/2 h 的速度将干球温度升至 54 ℃,湿球温度为 39 ℃,稳温 14 ~ 16 h,直至叶片达到干燥大卷筒。

干筋阶段:以 1 ℃/h 的速度将干球温度升至 60 ℃,湿球温度为 40 ℃,稳温 4 h;再以 1 ℃/h 的速度将干球温度升至 68 ℃,湿球温度为 41 ℃,稳温 20 ~ 24 h,直至烟筋全干。

(五)烤后烟叶快速回潮技术

烤后烟叶快速回潮技术是指在干筋阶段结束以后,通过在加热室、烤房内加入自来水的办法,促进烟叶快速回潮(一般 8 ~ 10 h 即可回潮到合理水分),有效缩短回潮时间,降低下炕损耗,提高烤房周转利用率的简易回潮方法。

烟叶干筋阶段结束后进行回潮;保持风机在运行状态,关闭烤房门窗及进风口,打开喷(滴)水装置开关即可对烟叶进行回潮。

1. 加　水

烟叶干筋阶段结束后不熄火,保持烤房内温度在 65 ℃以上,关闭风机电源,打开装烟门,向装烟室地面加入约 150 kg 清水,迅速关闭装烟门。装烟室地面加水蒸发时间约为 8 h。

2. 喷雾或滴水

加水结束后,打开加热室风机检修门,将进水软管一头连接自来水水龙头或房顶水箱,一头连接自制的喷(滴)水装置,进行喷(滴)水。

3. 闷　炕

喷(滴)水结束后,立即熄火,关闭风机电源,闷炕时间约为 6 h。

4. 下　炕

待装烟室内的温度与室外温度接近时,打开装烟门下炕。

(六)烟叶快速回潮水分要求

回潮到可正常卸烟的烟叶,其含水量为 14% ~ 15%;叶片柔软,手摸烟叶有油润而无湿感;叶片有弹性,用手握放烟叶能伸缩自如;叶片可收张,卸烟过程中可将

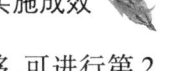

烟叶(叶尖弯曲和平板部分)理顺且不会损伤主筋。若回潮程度不够,可进行第 2 次或多次回潮;回潮过度,可打开装烟门或加热蒸发水分。

九、烟叶交售

(一)设施配置标准

年收购烟叶 1 万担(1 担 = 50 kg,担为烟草行业习用计量单位,故沿用,下同)左右设 1 条收购线,并设置功能相对独立的烟农候烟区、烟农休息区、回潮室、分级区、评级过磅区、成包区、件烟存放区。

(1)烟农候烟区:面积在 40 m² 以上。配置调度桌、椅各 1 张,调度信息黑板 1 个,快速水分检测仪 2 个;配置送料手推车 10 辆,规格为长×宽 = 1.16 m×0.60 m。

(2)烟农休息区:面积在 30 m² 以上。配置电视机、DVD 机各 1 台,服务柜 1 个,休息座位 30 个,饮水机或保温桶 1 个。

(3)回潮室:面积在 25 m² 以上,室内高度 2.8 m。配置加湿量为 9 kg/h 的离心式加湿设备 1 套,额定电压 220 V,功率 290 W;配置 1.0 m×0.6 m×0.9 m 双层万向轮回潮架 10 个。回潮室相对湿度控制在 90%～95%。

(4)分级区:面积在 450 m² 以上。配置人工模拟自然光源,光源要求按烤烟样品室建设规范执行。1 套光源由 1 个整流器、2 根冷色调和 1 根暖色调的超自然模拟灯管组成。灯管型号:冷色调为 S965/36W,暖色调为 S950/36W,灯管长度为 1.2 m。每组配置 2 套光源。光源安装位置距分级台桌面 1.0～1.2 m。

配置加湿设备 5 套,环保空调 4 台,规格:额定电压 220 V,功率 1.1 kW,风量 1500～18 000 m³/h;或者配置水帘加湿器 4 套,规格:水帘面积 4 m²、厚 15 cm,负压风机额定电压 220 V,功率 1100 W。

配置分级台 30 张,面板颜色为灰白色,规格:长×宽×高 = 3.0 m×1.0 m×0.8 m;分级凳 90 个;分级箩筐 180 个,规格:长×宽×高 = 0.80 m×0.55 m×0.65 m,每组配备 5 个,30 个周转。

分级台前后排间距为 2.8 m,其中,分级台 1.0 m,座位 0.7 m,放置塑料筐 0.8 m,过道 0.3 m。配置杂物桶 30 个,每张分级台 1 个,每个容量 100 L。

(5)评级过磅区:面积在 30 m² 以上。配置评级台或传送带 1 个,规格:长×

宽×高 = 3.00 m×1.00 m×0.25 m;配置烟叶收购系统、视频监控系统、计量器具各 1 套,等级标识牌 5 套。

(6)成包区:面积在 45 m² 以上。配置打包机 2 台。

(7)件烟存放区:面积在 300 m² 以上。配置等级标识牌 1 套。

(二)岗位设置及职责

按 1 万担收购规模设置,收购区设主评员、验级员、过磅员各 1 名,质量管理员 3 名。分级区设分级队长 1 人、分级组长 6 人、分级工 60 人、辅助工 5 人。

(1)主评员:负责收购线的组织、协调、考核,对收购线工作负全责;负责收购新烟样品的仿制和更新;负责烟叶等级入库确认;负责收购线的安全管理。

(2)验级员:负责按评级筐样评定烟叶等级;负责统一质量管理员分级眼光,并提供考核依据;负责指导平衡分户样品制作尺度;对入库烟叶质量负责,对等级纯度较差的烟叶开具分级不合格通知单;监督过磅员过磅、开单。

(3)过磅员:负责烟草种植收购合同的审核;负责烟叶过磅、开单、成包、调运与库房管理,并对入库烟叶数量负全责;负责收购数据的汇总与传输;负责烟农交售烟叶信息的张榜公布;负责收购物资、设施设备管理。

(4)质量管理员:负责现场指导专业分级工和现场把关烟叶分级质量;协助验级员指导平衡分户样品制作尺度;负责检验分级组长验收的烟叶,在分级合格通知单上签字确认;负责专业化分级质量信息的收集与反馈;对验级员检验出的不合格烟叶负责。

(5)分级队长:负责专业分级队日常管理和分级场地卫生管理;负责分级设施设备运行管理与日常维护;负责组织分级工参加各种培训;负责烟农分级合同、约时定量交售计划的审核,对待分烟叶进行排序调度,开具烟叶调度单;负责烟叶去青去杂的检查及水分检测;负责烟叶分级数量记录、汇总,为计算劳动报酬提供依据;对分级区域、人员的安全负责。

(6)分级组长:负责本组分级工的日常管理;负责本组分级工工时、工效记录;负责制作分户样品,并按样品指导分级工分级,对不合格烟叶组织现场返工;验收归类本组分级的烟叶,并对其质量负责,开具分级合格通知单。

(7)分级工:负责对照分户样品进行烟叶分级;服从分级组长、质量管理员的分级指导和管理;负责设施设备维护和工作区域卫生清洁。

(8)辅助工:根据分级队长调度指令,将烟农交售烟叶运至分级组;将检验合格的烟叶运至收购场所;负责通道的安全和环境卫生。

(三)工作流程

(1)预约交售:烟农按约定的交售时间和数量,将去青去杂的烟叶运至指定的分级点。

(2)分级调度:分级队长检查烟草种植收购合同,检测待售烟叶水分和检验去青去杂情况。待售烟叶水分达标、无明显青杂即视为合格,合格的按照烟叶正副组、部位、颜色分类装筐,结合烟叶数量将同类型烟叶分配到一个分级台位。待售烟叶水分检测不合格的进入回潮室进行辅助回潮,待水分适宜后再调度到分级台位;烟叶青杂明显的由烟农重新去青去杂,合格后再分配到分级台位。

(3)对样分级:分级组长根据烟农来料情况,将烟农待分烟叶按分组别、部位、颜色制作分级对照样,并报请质量管理员或验级员审核,指导分级工对样分级。实行三工位分级的,按第一工位负责分部位和青杂,第二工位负责分颜色及较少色组等级,第三工位负责分较多色组等级的程序分级;实行二工位分级的,按第一工位负责分颜色、青杂和较少色组等级,第二工位负责分较多色组等级的程序分级。

(4)等级纯度验收:分级组长对照分户样品对分级工分好的烟叶进行验收,对等级纯度低于90%的烟叶责令分级工返工,等级纯度达到90%及以上的烟叶装筐,每组烟分级结束后开具分级合格通知单,由质量管理员检验。

(5)等级纯度检验:质量管理员对照分户样品对分级组长报检的烟叶进行检验,筐内烟叶部位一致、颜色清晰、纯度达到90%的,在分级合格通知单上签字确认,并根据部位、颜色和质量好坏指导辅助工将同类型烟叶运送到评级筐样处排筐,进入收购环节;检验不合格的责令分级组返工。

(6)核查身份:过磅员核对生产主体出具的烟草种植收购合同、IC 卡及分级合格证。

(7)对样评级:主评员或验级员依据评级筐样对排筐烟叶进行逐筐检验,对分级纯度低于90%的烟叶退回重新分级,并记录相关情况,为考核质量管理员提供依据;对等级纯度达标的烟叶进行批量定级,烟农确认所评烟叶等级,不确认的申请重新整理。

(8)过磅交售:评级后烟叶经烟农确认后进入过磅区称重,打印交售码单。烟农以烟叶数量与分级服务组织结算服务费用。

(9)散叶成包:单件烟包规格长 90 cm、宽 60 cm、高 50 cm,自然碎片控制在 3% 以内。收购的烟叶不落地,从收购筐内直接进入打包箱成包,不进行散叶堆码。装箱叶尖朝内,叶柄朝外,放置整齐有序。包装材料使用麻片;每件烟叶标明产地、等级、成包时间,标识牢固张贴在烟包一头。

(10)储存调运:成包件烟分等级整齐堆放,垛高上等烟 6 个,中下等烟 7 个。收购线库房内储存烟叶不得超过 500 件。

十、降低烟草特有亚硝胺含量

(一)超高效液相色谱 – 串联质谱法

样品经乙酸铵溶液超声提取,固相萃取柱净化,超高效液相色谱 – 串联质谱仪检测,内标标准曲线法定量。

(二)连续流动法

用水萃取试样(亦可使用 5% 醋酸作为萃取液),萃取液中的硝酸盐在碱性条件下与硫酸肼 – 硫酸铜溶液反应生成亚硝酸盐。亚硝酸盐与对氨基苯磺酰胺反应生成重氮化合物,在酸性条件下,重氮化合物与 N –(1 – 萘基)乙二胺二盐酸发生偶合反应生成一种紫红色化合物,其最大吸收波长为 520 nm,用比色计测定。若萃取液中含有亚硝酸盐,将同时被检测。

十一、有害生物综合治理

有害生物综合治理是一个综合的、系统的保护农作物的方法,它强调综合利用所有可行的方法来制定有害生物管理措施。

(一)轮 作

1.轮作的优势

轮作是作物种植制度中的一项重要内容,是使土地用养结合、增加烟叶和作物产量、提高烟叶品质的有效措施。烟田的轮作是指根据各地的自然条件和作物特性,在一定的年限内,根据烟草与其轮作、间作、套作作物对土壤、气候等的要求,按不同的茬口将烟草与其他作物进行顺序种植,共同组成较为完善的轮作周期,进行周期性的配置和合理换茬。在烟区实行轮作,可改善土壤理化性质和生物学特性,提高土壤肥力和肥效,消除土壤中有毒物质,减轻烟草病虫害,提高烟叶品质。生产实践证明,轮作可以有效降低黑胫病、根结线虫病、野火病等的发病率。在美国和加拿大,烟草生产都以轮作作为防病的主要措施。轮作可以提高土壤和光照、温度资源的利用率,解决粮食作物、经济作物、烟草争地的矛盾。轮作还可以均衡利用土壤养分,若在轮作周期中种植豆科作物或绿肥,则能显著提高土壤肥力。

烟田轮作制度的制定要从全局出发,既要考虑当前利益,又要着眼长远发展,因地制宜根据当地气候特点、土壤条件和烟草在当地农业生产中的社会经济地位及生产潜力等具体情况进行统筹安排。在作物的配置上,要有利于提高烟叶质量和保证烟叶产量的相对稳定。要正确处理好烟草与前茬、后茬作物的关系,确保烟农种植收入增加,有利于烟农生活水平的提高。

2. 轮作前茬作物的选择

烟草轮作前茬作物的选择需要关注 3 个问题:一是茬口的时间要适宜,二是前茬作物不能是与烟草具有相同病原物的同科植物(如茄科的马铃薯、番茄、茄子等)和葫芦科植物(如南瓜),三是不宜与施用氮肥过多的作物(如蔬菜)进行轮作。一般来说,禾谷类作物中的水稻、大麦、小麦和油料作物中的油菜都是烟草较好的前茬作物。

对于烟草的轮作方式,可以采用以下 3 种:一是一年一熟轮作,第 1 年种植烟草,第 2 年和第 3 年种植玉米或高粱。此种方式可以保证烟草的适时早栽,躲避后期的伏旱天气影响,实现烟田用养结合,提高烟叶质量。二是两年三熟轮作,第 1 年种植烟草,接着种植油菜或小麦,第 2 年种植甘薯,然后冬季空闲。此种方式可结合冬季空闲调剂劳力和肥料,又可深翻恢复地力,为后茬作物的生长发育创造有利条件。三是三年五熟轮作,在 3 年周期内,种植 3 季夏季作物和 2 季冬季作物,第 3 年冬季空闲。此种方式在种烟之前,土地经过冬季空闲,充分熟化,有利于烟草的发育;同时,烟草病虫害也较少。

烟稻轮作制被认为是稻区最佳的种植制度。在水旱交替的耕作措施下,土壤有机质的积累和分解得到适当调节,保持和提高了土壤肥力,有利于作物高产、稳产和持续增产,也能提高烟叶的产量和质量。实行水旱轮作,由于土壤通风状态好、氧气供养充足,可以消减土壤在渍水条件下积累的有害物质,能储存或释放更多的养分供烟草后茬作物吸收利用,从而使烟粮双丰收。

在我国人多地少的烟区,为发展烟草生产,往往对烟田进行连片种植以利于加强基础设施建设和推动规模化种植。国外也不排除连作,有相关研究指出,在土壤结构和有机质条件不是主要问题时,如果通过其他技术措施能够严格控制病虫害的发生,烟田也可以连作。在墨西哥,部分烟田有 25 年的连作史,至今没有发生严重的病害,其原因有三:一是对烟草茎和根就地焚烧,以减少病源;二是不用农家肥,减少病害传播机会;三是采用喷灌,病害(尤其是以水为媒介传播的病害)不易发生。可见,在采取有效措施防治病害发生的基础上,烟田连作也是可行的。建议采取以下措施避免连作带来的风险:一是根据当地的病害情况,种植抗病品种;二是深开沟、高起垄、高培土、高上厢,确保烟田排水通畅,以减少病虫害的传播;三是施用充分腐熟的有机肥,增施钾肥,减少病虫害来源和增强烟株抗病性;四是针对烟草病虫害,进行生物防治、物理防治等。

(二)生物防治

1.烟蚜茧蜂防治烟蚜技术

烟蚜茧蜂属膜翅目、蚜茧蜂科,是烟蚜的重要寄生性天敌。我国烟田烟蚜的初寄生蜂已发现有 5 个种,其中以烟蚜茧蜂最为常见,是烟田烟蚜的优势种,对烟蚜的抑制作用明显。

(1)寄主烟株培育。选择抗病性强、繁蚜繁蜂效率高的烟草品种(一般为云烟、K326),按照漂浮育苗操作技术要求,培育具有 5~6 片真叶且健壮的烟苗,供培育繁蜂烟株使用。栽烟前 3~5 d 将配制好的盆土装入栽烟盆内,每盆装土至 2/3 处。将栽烟盆按繁蜂棚大小规范整齐地放入繁蜂棚,每盆间距不少于 40 cm。烟苗长至有 5~6 片真叶时,将其移栽至栽烟盆内,用3‰提苗肥液浇足定根水。盆栽烟株浇水以确保盆土有一定的湿度为宜。烟株移栽后每 1000 株每隔 10 d 用 4 kg 复合肥浇施 1 次。之后,根据烟株叶色决定施肥次数,以浇施 4~5 次为宜。确保通风透光,保持温度为 17~27 ℃、湿度为 50%~80%。

（2）烟蚜繁育。烟株移栽前 70 d 左右播种,烟苗长至有 5 ~ 6 片真叶时,将其移栽到繁蜂小棚内或栽烟盆中。要求在当地烟草大田移栽前 20 ~ 25 d 栽种繁蜂烟株。烟株培育到有 9 ~ 12 片真叶、有效叶达到 6 ~ 8 片时,选用大个无翅蚜虫接种烟株下部,单株接蚜量为 20 ~ 30 头/株。在温度 17 ~ 27 ℃、湿度 50% ~ 80%、自然光照条件下,繁殖烟蚜 15 d 左右即可达到单株烟蚜 2000 头以上。接蚜操作方法有"挑接法"和"放接法",补蚜采用"抹接法"。

（3）烟蚜茧蜂的繁育。接蚜后,单株烟蚜量达到 2000 头以上时,就可以进行人工接蜂。接蜂操作可采用人工直接吸收成蜂,亦可挑取大个僵蚜用试管收集,待其羽化后剔除重寄生蜂并进行群体交配 24 h,以 5% ~ 10% 的蜂蜜水作补充食物,接蜂蚜比(1∶50) ~ (1∶100) 放入繁蜂棚,每棚至少放入 800 头成蜂,让茧蜂自然寻找烟蚜寄生。放蜂后保持温度为 17 ~ 27 ℃、湿度为 50% ~ 80%,经过 15 d 左右就可以形成大量蚜。当单株烟蚜量达到 2000 头以上时,即可从蜂种保存室中直接吸取成蜂放入棚中寄生烟蚜。将采集自烟蚜茧蜂蜂种保存室的较大个体的烟蚜茧蜂在试管内预先羽化,剔除重寄生蜂并进行群体交配 24 h,以 5% ~ 10% 的蜂蜜水作补充食物,接蜂蚜比(1∶50) ~ (1∶100) 放入繁蜂棚,让茧蜂自然寻找烟蚜寄生。接蜂 2 ~ 3 d 后,烟蚜茧蜂对烟蚜的寄生率可达 90% 以上,在 17 ~ 27 ℃ 条件下,经过 8 ~ 10 d 可形成僵蚜。

（4）烟蚜茧蜂的收集与释放。

做好 3 项工作准备:收蜂工具准备→收蜂→茧蜂处理。

收蜂:于晴天早上 8:00 ~ 10:00 利用吸蜂器或吸蜂瓶在繁蜂室内收集茧蜂。

茧蜂处理:将收集的茧蜂每 2000 头左右置于一个容蜂装置中,同时用 5% ~ 10% 蜂蜜水饲养,然后统一整齐地放置于通风遮阳处便于领蜂人员领取。

注意事项:吸蜂器每次吸蜂时间不宜超过 1 min;饲养烟蚜茧蜂时蜂蜜水不宜过多。成蜂在容蜂器中不能超过 3 h,温度不超过 30 ℃。繁蜂小棚烟蚜茧蜂持续释放。放蜂时使用自然散放法。60 目防虫网小棚繁蜂后期,棚内烟株下部叶片上 70% ~ 80% 的烟蚜形成僵蚜时,清除棚内有翅烟蚜后掀开防虫网,僵蚜自然羽化迁飞;40 目防虫网小棚繁蜂后,任烟蚜茧蜂自然飞出寻找烟蚜寄生。

2. 蠋蝽释放实验

蠋蝽属半翅目、蝽总科、蠋蝽属,常被用来防治烟青虫和斜纹夜蛾。

（三）抗性品种

1. K326

株型塔形,叶形为长椭圆形,茎围 7 ~ 10 cm,节距 3 ~ 5 cm,叶片数 24 ~ 26 片,打顶株高 90 ~ 110 cm,有效叶片数 19 ~ 21 片。大田生育期在 130 d 左右,大田长势较强,生长整齐,喜光、热、水、肥,腋芽长势强。中抗至中感青枯病,中抗黑胫病,感花叶病、马铃薯 Y 病毒病、赤星病,田间气候性斑点病发生较重。

2. 云烟 87

株型塔形,叶形为长椭圆形,茎围 5.5 ~ 6.5 cm,节距 5.5 ~ 6.5 cm,叶片数 25 ~ 27 片,打顶株高 110 ~ 120 cm,有效叶片数 20 片左右。大田生育期在 115 d 左右,叶片上下分布均匀。中抗黑胫病、青枯病和南方根结线虫病,感赤星病、普通花叶病、马铃薯 Y 病毒病。移栽后至团棵期遇低温易早花。

3. 云烟 85

株型塔形,叶形为长椭圆形,茎围 7 ~ 8 cm,节距 5.0 ~ 5.8 cm,叶片数 24 ~ 25 片,打顶株高 110 ~ 120 cm,有效叶片数 20 片左右。大田生育期在 120 d 左右,耐肥性强,田间生长整齐,腋芽生长势强。抗黑胫病,中抗南方根结线虫病,中感青枯病,感赤星病、普通花叶病和马铃薯 Y 病毒病。

4. 云烟 97

株型塔形,叶形为长椭圆形,茎围 9 ~ 10 cm,节距 5.5 ~ 6.0 cm,打顶株高 110 ~ 120 cm,有效叶片数 20 片左右。大田生育期在 125 d 左右,大田长势较强。抗黑胫病,中抗根结线虫病,中感马铃薯 Y 病毒病和青枯病,感赤星病、普通花叶病和黄瓜花叶病。

5. 毕纳 1 号

株型塔形,叶形为长椭圆形,茎围 9 ~ 10 cm,节距 5 ~ 6 cm,叶片数 30 片左右,打顶株高 120 ~ 130 cm,有效叶片数 22 ~ 24 片。大田生育期在 130 d 左右。抗黑胫病,中抗青枯病和根结线虫病,中感赤星病、普通花叶病、黄瓜花叶病,感气候性斑点病、马铃薯 Y 病毒病。

6. 韭菜坪 2 号

株型塔形,叶形为椭圆形,茎围 11 ~ 12 cm,节距 4 ~ 5 cm,叶片数 24 ~ 25 片,打顶株高 105 ~ 115 cm,有效叶片数 20 ~ 22 片。大田生育期在 125 d 左右。抗气候性斑点病,中抗黑胫病,抗或中感赤星病,中感青枯病,感普通花叶病、黄瓜花叶病、马铃薯 Y 病毒病。

7. 云烟 116

株型塔形,叶形为长椭圆形,叶色绿,茎叶角度中等,茎围 10.2 cm,节距 5.3 cm,最大腰叶长 74.5 cm,最大腰叶宽 28.3 cm,平均打顶株高 115.5 cm,有效叶片数 21 片左右。大田生育期平均为 126 d,田间长势较强,烟株整齐度好,分层落黄特征明显。中抗黑胫病、根结线虫病,中感赤星病和花叶病,其综合抗性水平与 K326 相当。

8. NC102

株型塔形,叶形为长椭圆形,茎围 9.5 cm,节距 4 cm,打顶株高 107.5 cm,有效叶片数 22 片左右。大田生育期为 115 ~ 120 d,耐肥性强,田间生长整齐。抗黑胫病、花叶病和马铃薯 Y 病毒病,低抗青枯病,中感赤星病和南方根结线虫病。

9. 云烟 105

株型塔形,叶形为长椭圆形,茎围 7 ~ 8 cm,节距 5.0 ~ 5.8 cm,叶片数 24 ~ 25 片,打顶株高 110 ~ 120 cm,有效叶片数 20 片左右。大田生育期在 120 d 左右,耐肥性强,田间生长整齐,腋芽生长势强。抗黑胫病,中抗南方根结线虫病,中感青枯病,感赤星病、普通花叶病和马铃薯 Y 病毒病。

10. 贵烟 202

株型塔形,叶形为长椭圆形,茎围 9 ~ 10 cm,节距 4.5 ~ 5.0 cm,叶片数 26 ~ 28 片,打顶株高 105 ~ 115 cm,有效叶片数 20 ~ 22 片。大田生育期在 130 d 左右,田间生长整齐,长势较强,分层落黄好,较易烘烤。抗黑胫病,中感青枯病、南方根结线虫病,感赤星病、普通花叶病、黄瓜花叶病、马铃薯 Y 病毒病。

（四）物理防治

物理防治主要通过频振式杀虫灯、色板(黄板、蓝板)诱杀或设防虫网阻隔害虫迁飞,减轻病害传播等。主要针对鳞翅目和鞘翅目害虫,利用害虫较强的趋光特性,将杀虫灯的光波设在特定的范围内,灯外配以频振高压电网触杀,达到降低田间卵量,压缩虫口基数的目的,尤其在夏、秋季害虫发生高峰期,对害虫可起到良好的诱杀作用。在不同烟区的虫害监测、预警和控制一体化技术装备,可实现虫害持续监测、及时预警、实时诱控、信息共享和综合防控。色板(黄板、蓝板)诱杀技术是利用某些害虫成虫对黄色、蓝色敏感,具有强烈趋性的特性,将专用胶剂制成的黄色、蓝色胶粘害虫诱捕器(简称黄板、蓝板)悬挂在田间,进行物理诱杀害虫的技术。物理防治措施不会产生任何环境污染,且诱捕防治效果很好,是目前各烟区广泛推广的绿色防控技术。目前,贵州省在烟草上应用的物理防治措施主要有以下 2 种:

1. 黄色粘板诱蚜

黄色粘板基于害虫对黄色具有强烈的趋性来诱杀害虫,以达到防控效果,可诱杀蚜虫、粉虱、叶蝉、蓟马、斑潜蝇等害虫。移栽当天至打顶期间(不间断使用可有效控制烟蚜发展),重点插于烟田外围对同片区迁飞蚜进行联防,以烟田迎风面和蚜虫冬、春季寄主较多的方向为主。粘虫板放在距离烟株上部 15~20 mm 的位置,并随烟株生长高度不断调整高度。放置量视粘板大小灵活确定,如每 667 m² 放置规格为 25 cm×30 cm 的粘板 30 片,每 667 m² 放置规格为 25 cm×20 cm 的粘板 40 片。当粘虫板上粘的害虫数量较多时,要及时更换,或用钢锯条或木竹片及时将虫体刮掉,粘虫板可重复使用。

2. 灯光诱杀技术

频振式杀虫灯的作用机理是运用光、波、色、味 4 种诱杀方式杀灭害虫。近距离用光,远距离用波,加以黄色外壳和性信息引诱害虫扑灯,外配以频振式高压电网将飞来的害虫杀死或击昏,以达到防治害虫的目的。诱杀的主要对象是鳞翅目昆虫。频振式太阳能杀虫灯可根据靶标害虫生活习性设定多个开灯时间段,雨天自动进入保护模式,根据昼夜智能控制充放电及开关灯。

(五)农药的施用与管理

化学农药只应作为病虫害控制的最后选择,并且要按照相关的农药施用规定及厂家的说明来施用农药。有害生物综合治理强调只有在其他对环境友好的措施不能把病虫害控制在可接受水平时,才能施用化学农药来控制病虫害。在必须施用化学农药的情况下,要按照农药制造商、烟叶采购商的要求及所有相关的法律法规来施用。

1. 农药施用经济阈值

看到烟田稍有病虫为害就采取化学防治或烟株病虫害发生程度比较严重时才

施药的做法都是不可取的。蚜虫的防治指标为每百株蚜虫数量达到 50 头,烟青虫的防治指标为每百株幼虫数量超过 10 头。对大多数叶斑病害,发病率达到 5% 就需要化学防治;对病毒病可根据农时在移栽前、团棵期和旺长前期喷药,可取得有效预防。从经济学的角度看,个别烟株发生病虫害现象是正常的,只要没有达到农药施用经济阈值,都提倡采用农业措施(如及时拔除个别病害烟株或人工捉虫等)来控制病虫害。化学防治的宗旨是既要最大限度地防治病虫害,又要保证防治成本控制在最低水平,应使两者充分协调,接近或达到成本投入和收益的"黄金结合点"。

2. 有害生物综合治理批准施用农药

化学农药的施用要符合国家相关规定、满足客户要求。

3. 农药的毒理性(农药施用)

在农药施用中加大有效生物农药或仿生农药的施用,对常用化学农药用高效、低毒、低残留生物农药替代。

4. 农药施用记录

烟草种植过程中,在病虫害防治环节施用农药前要充分评估经济阈值;经专人施用农药后,记录农药施用时间、名称、浓度、防治对象。

5. 农药残留最高限量

烟草及烟草制品中农药残留量不得达到或高于《食品安全国家标准　食品中农药最大残留限量》(GB 2763—2019)中规定标准。

出口烟叶还要满足国际客户对农药残留最高限量的要求(见表 3 - 14、表 3 - 15、表 3 - 16)。

表 3 - 14　出口烟叶要求零检出的农药残留

单位:mg/kg

农药名称	国际烟草科学研究合作中心指导性残留标准	菲利普·莫里斯国际公司最高允许限量	日本烟草国际公司最高允许限量	中国烟草总公司最高允许限量
多菌灵	2.00	0.09	2.00	2.00
二甲戊灵	5.00	0.50	0.02	5.00

表 3 – 15　出口烟叶需要关注的农药残留

单位:mg/kg

农药名称	国际烟草科学研究合作中心指导性残留标准	菲利普·莫里斯国际公司最高允许限量	日本烟草国际公司最高允许限量	中国烟草总公司最高允许限量
仲丁灵	5.00	5.00	5.00	5.00
氟氯氰菊酯	2.00	0.15	2.00	0.50
氯氟氰菊酯	0.50	0.40	0.50	1.00
二硫代氨基甲酸盐(包括代森锌、代森锰锌等)	5.00	5.00	5.00	10.00
异菌脲	0.50	0.25	0.50	0.25

表 3 – 16　处理仓储害虫需要关注的农药残留

单位:mg/kg

农药名称	国际烟草科学研究合作中心指导性残留标准	菲利普·莫里斯国际公司最高允许限量	日本烟草国际公司最高允许限量	中国烟草总公司最高允许限量
氯菊酯	0.50	0.50	0.50	0.50

(六)常见病虫害及其防治

1.苗期立枯病

农业防治:清理上年的病残体,对大棚地面、棚体进行彻底消毒,使用充分腐熟的商品基质和洁净的自来水进行育苗。加强苗期管理,加强通风,保持床内温度,降低湿度,增加光照,促进烟苗健壮生长。

精准施药防治:可用噁霉·稻瘟灵、井冈霉素、咪鲜胺、异菌脲、啶酰菌胺、嘧菌酯、醚菌酯·啶酰菌胺、嘧菌酯·苯醚甲环唑等进行 1 次喷雾防治。苗期用药每 667 m^2 喷雾用水量为 50 ~ 60 L。

2.苗期蓝绿藻

农业防治:选择洁净的水源,同时做好苗池用水的消毒工作;漂浮育苗选择粒径适宜、呈颗粒状的基质,宜粗忌细;基质装填入穴盘时,切忌用手按压基质,保证基质呈自然结构状态装盘;加强棚室湿度管理,防止棚内起雾,视情况可于中午时分温度较高时进行敞膜通风。

精准施药防治:对蓝绿藻易发区域,可在装盘播种前用 100 mg/kg 硫酸铜喷洒基质。

3. 苗期灰霉病

农业防治:及时处理上年的病残体并进行育苗大棚的消毒,选择远离蔬菜大棚等现代农业设施的地块进行育苗。加强苗期管理,加强通风,尽量保持床内温度,降低湿度,增加光照,促进烟苗健壮生长。

精准施药防治:每 667 m² 可用多菌灵(80% 可湿性粉剂)60~75 g、嘧霉胺(80% 水分散粒剂)30~45 g、啶酰菌胺 30~40 g、醚菌酯·啶酰菌胺 800~1000 倍液、嘧菌酯·苯醚甲环唑 30~45 mL 进行防治。注意要轮换施用不同药剂,防止灰霉病菌抗药性的出现。

4. 病毒病

设施消毒:育苗前使用无残留消毒剂对所有育苗设施进行消毒,并设置消毒池。可选用无残留消毒剂次氯酸、二氧化氯或辛菌胺。

虫媒阻隔:育苗棚全程设置防虫网。

过程消毒:进行苗床操作之前,提前 1 d 喷施抗病毒剂。可选用的抗病毒剂有宁南霉素、混脂·硫酸铜等。剪叶实行剪叶消毒一体化,保证在剪叶过程中剪叶器械的刀口上时刻存在抗病毒剂或消毒剂。可选择的消毒剂有二氧化氯、辛菌胺。

病毒快检:移栽前用花叶病快速检测试纸条进行检测,严禁将带毒烟苗移栽。

免疫诱抗:移栽后 15 d 以内可喷施 1 次免疫诱抗剂。可选用的免疫诱抗剂有毒氟灵、寡糖·链蛋白、氨基寡糖素、香菇多糖等。

大田期:可选用氨基酸类叶面肥或磷酸二氢钾叶片喷施,以缓解病毒病症状,减少损失。

5. 白粉病

农业防治:清除烟田周边白粉病的寄主杂草车前草、阿拉伯婆婆纳和苦苣菜;选择合适的种植密度,提前处理脚叶,改善田间光照、通风条件,降低田间湿度,减少病害蔓延。勿在低洼地、连作地种烟;雨后及时排除积水。

精准施药防治:每 667 m² 可用腈菌唑 25~33 g、嘧肽·多抗霉素(即 1.8% 嘧肽·多抗水剂)700 倍液、嘧菌酯·苯醚甲环唑 30 ~ 45 mL、醚菌酯·啶酰菌胺 800 ~ 1000 倍液等进行防治,每 667 m² 用水量为 70 ~ 80 L。采收前 15 d 严禁用药。

6.青枯病

选用抗病品种:选用中抗以上的抗病品种。

农业管理措施:提倡水旱轮作,改善田间卫生情况,调节土壤 pH。烟叶采摘完毕后,将病株连根拔起,带出田外集中销毁,并撒施少许石灰于病穴中消毒。不要将病株丢在田间或还田作肥料,以减少翌年病害的初侵染源。

精准施药防治:及时监测温度,出现发病烟株后,如持续 5 d 以上有 28 ℃ 以上高温时,对发病烟株用 50% 琥珀酸铜或 20% 龙克菌悬浮剂灌根,每株 100 ~ 200 mL,每隔 10 ~ 15 d 1 次,共 2 ~ 3 次;也可选用3% 中生菌素 1000 倍液、52% 氯尿·硫酸铜可溶粉剂等,对有发病史的烟田于移栽后 15 d、25 d、35 d 各灌根 1 次,以根际土壤浇湿为宜。药剂处理后,结合上高厢,促进烟株产生侧生根,提高抗病能力。

7.黑胫病

农业防治:提倡适时早栽;实行水旱轮作或与禾本科作物轮作 3 年以上;高起垄,深开沟,防积水;及时清除病株并妥善处理,采收后清理烟秆及病残体。

根际微生态调控:移栽前每 667 m² 施用生石灰 200 ~ 300 kg、腐熟有机肥 50 ~ 100 kg。

精准施药防治:对黑胫病发病烟株可用 80% 烯酰吗啉水分散粒剂 2000 倍液、68% 精甲霜·锰锌水分散粒剂 800 倍液喷淋茎基部或灌根;对常年发病区域,可在移栽前用上述药剂喷雾烟苗根部,带药移栽,或于移栽后 30 d、45 d 各喷淋茎基部 1 次。施药后,揭膜、培土、上高厢能起到积极防病效果。

8.赤星病/棒孢叶斑病

农业防治:及时清除田间烟秆,改善田间卫生情况,深埋或集中销毁,以减轻病菌的越冬基数。

精准施药防治:可用腈菌唑、嘧菌酯·苯醚甲环唑、醚菌酯·啶酰菌胺等药剂进行防治,每 667 m² 用水量 70 ~ 80 L。注意要轮换施用不同药剂,防止病菌出现抗药性。在采收前 10 d 停止用药。

9. 野火病/细菌性角斑病

农业防治:烟田深翻;高起垄,深开沟;平衡施肥与合理打顶留叶;及时处理病叶、脚叶、烟秆及其残体。

精准施药防治:可选用 77%硫酸铜钙可湿性粉剂 500 倍液、氢氧化铜、王铜等铜制剂或 72%硫酸链霉素可溶粉剂 4000 倍液等喷雾 1～3 次,间隔 7～10 d 喷 1 次。注意铜制剂不要与其他类药剂同时使用。

10. 南方根结线虫病

农业防治:深翻炕冬,清除田间烟秆和杂草,可有效降低土壤中的线虫基数,减轻来年为害。

精准施药防治:可用 10%噻唑膦颗粒剂、25%阿维·丁硫水乳剂 2500 倍液、25%丁硫·甲维盐水乳剂、0.5%阿维菌素颗粒剂等进行防治。于移栽和团棵初期施用 2 次:移栽时可撒施药剂后用旋耕机翻入 20 cm 土壤中混匀,也可沟施或穴施,注意药剂与土壤混合后再移栽烟苗,勿使幼苗根与药剂接触而发生药害;团棵初期施用可兑水灌根用药。

11. 烟草蚜虫

烟蚜茧蜂防治:结合贵州省生产实际和行业标准进行烟蚜茧蜂规模化繁殖;在烟草团棵期和旺长期,因地制宜采用放蜂笼、移动网箱和田间小棚等释放模式,进行点状、面状、区域性放蜂。

生物药剂防治:当田间蚜虫发生量较大时,采用生物制剂叶片喷雾防治蚜虫,可选择烟碱、苦参碱等药剂。

12. 烟青虫/斜纹夜蛾

蠋蝽防治:在烟草进入团棵期前释放蠋蝽。根据田间烟青虫/斜纹夜蛾幼虫的虫口基数,按照每 667 m² 20～50 头释放蠋蝽 5 龄若虫,对烟青虫/斜纹夜蛾幼虫具有较好的防控效果。后期根据害虫发生量酌情补充释放,达到有效防控。

性诱防治:在当地烟青虫/斜纹夜蛾第 1 代成虫发生前 1 周左右设置性信息素诱捕器。烟青虫诱捕至打顶后结束,斜纹夜蛾诱捕至中部叶采烤时结束。

13. 地老虎

性诱防治:在地老虎越冬代成虫发生前(约移栽前 60 d),设置地老虎性信息素诱捕器诱捕成虫,每 667 m² 设置 1 套,移栽后 40 d 左右结束。

生物药剂防治:结合起垄覆膜于垄面喷施生物药剂,或结合定根水施用生物药剂防治地老虎幼虫,可选择烟碱等药剂;或于移栽前 7 d 左右穴施白僵菌或绿僵菌等生物药剂;也可根据剂型特点于起垄时和基肥一起施用。

14.烘烤烟叶霉烂病

烤房熏蒸灭菌:三氯异尿酸烟熏灭菌或二氧化氯缓释消毒灭菌。

烘烤工艺防治:加强变黄前期烤房内的通风排湿,缩短变黄前期稳温时间,避免"低温高湿慢变黄";特别要注意上升式烤房的排湿。点火后,当烟叶基部或叶尖变黄后,加快升温速度,将干球温度升至 38 ℃,38 ℃以前变黄持续时间不超过 12 h。

精准施药防治:烟叶上炕前可在叶柄处喷雾氟硅唑等进行防治。切忌在叶片上喷雾药剂。

十二、烟草残留物的处理

(一)直接处理

1.田间清除

在结合中耕培土清除脚叶的基础上,在烟株打顶后 7 ~ 10 d 清除 2 片以上脚叶,在烘烤到上部 4 ~ 6 片烟叶时统一清除顶部发育不良、开片不好或病斑较多的 2 片顶叶。

2.烤前控制

在烟叶的烘烤期间,由技术人员或烘烤师对绑竿上炕的烟叶进行把关,确保不适用鲜烟叶不绑竿、不烘烤、不形成商品。

3.烤后处理

烟叶烤后在解竿时,把青、黑、杂不列级的烟叶剔出。在分级时,指导农户认清认准杂色,对不予收购的烟叶不分级、不打捆、不交售。

按照方便、经济、不污染环境的原则,就近选择荒山、荒坡等地掩埋,或建不适用烟叶处理池进行集中腐熟处理后再选择荒山、荒坡等地掩埋。掩埋池标准:挖取深度为 1.5 ~ 2.0 m,长、宽均为 1 ~ 2 m 的土坑。在土坑中先撒入生石灰,后将烟株残体放入,再撒生石灰后填土掩埋。

（二）烟秆处理

将烟秆加工成有机肥,具体过程如下。

1. 收 集

烟秆有机肥原料除了烟草残留物外,还添加了蔬菜残体、秸秆、谷壳等,为降低运输成本,收集距离不超过 3 km。这些原料可分为六大类,分开堆放:①烟草底叶、脚叶、烟杈、烟花等含水量高的鲜料类;②新鲜的烟秆、玉米秸秆等;③干的秸秆类;④菌包、酒糟、谷壳类;⑤蔬菜残体;⑥饼肥、豆制品下脚料等。

物料堆放不能太高,留过道便于检查;堆场应遮盖防雨,配备防火栓、灭火器,严防明火和料堆温高起火,要经常检查、派专人看守。

2. 粉 碎

鲜料、湿料:由于物料水分高,只要用切料机切碎即可,没有必要进搓丝机联合粉碎,不然会造成堵料和水分渗出,影响肥料营养和环境。

干料、硬料:用切料机和搓丝机联合起来粉碎,碎成丝状,以利于快速发酵和提高肥料品相。

软果、嫩叶:直接加到制肥机里,无须粉碎。

3. 配 比

干配湿:干秸秆加水或湿秸秆配干辅料,再加 5% 左右氮素水平高的饼肥或氮素肥料。

低配高:养分含量低的物料应配养分含量高的物料。

软配硬:嫩、软物料应配纤维含量高的物料,以利机器搅拌均匀,如鲜叶应配秸秆。

冷配热:烟秆、不适用烟叶等应先高温杀菌后再加入菌渣、饼肥等物料。

4. 进 料

严格按照计量原则,先装入 2000 kg 左右农作物残体,再加入 200 kg 左右辅料(菜饼和豆粕等);如果为干料,需要多加水(加水量根据物料的干湿度而定,干湿度以手湿但不出水为度,干料和水的总重量不能超过 3000 kg),搅拌均匀后方可进入下一个阶段。

5. 杀 菌

将所有配料进行杀菌,杀菌时间为 0.5 h,温度必须达到 70 ℃ 以上。

6. 发　酵

杀菌完成后系统自动进行搅拌、降温、发酵,发酵时间为 1 h,在温度降至 50 ℃以下时加入高温发酵专用剂(BY - F)1 kg。

发酵后加入专用菌种 BY - U、BY - J 各 1 kg。1 h 后整个制肥工艺完成。

7. 出　料

做好出料前的准备工作,系统停止运行后打开出料门,放好人力车接料。所有物料出完后,必须切断电源,打扫卫生,为下一班生产做好准备。

十三、非烟物质管控

(一)非烟物质的识别

非烟物质是指不属于烟叶和烟梗的所有物质。

按照非烟物质组成成分可分为有机类和无机类。

1. 有机类

(1)烟草茎秆:来源于田间采收。

(2)草、麦秆、松木、玉米棒:来源于田间管理操作。

(3)烟杈:烟株的第 2 次生长,经常被错误地认为是未成熟的或小的烟叶。

(4)食品:被员工带到工作区域。

(5)植物、动物(包括其皮、毛)。

2. 无机类

(1)无机类非合成物。

木头:加工过的木块。

纸类:标签、纸巾、薄衬纸(纸板)材料、行政用纸等。

石块:在烟叶采摘过程中带入或在清扫地板过程中进入。

金属:螺帽、螺钉、大头针等,在清扫烤房、仓库等时带入。

羽毛:家禽的羽毛。

棉线:来源于烟叶农事操作。

布类:工人进行采摘时或在加工过程中携带进入。

玻璃:瓶子、灯泡、窗户、工具等的玻璃。

（2）无机类合成物。

烟蒂:来源于烤房或在清扫地板过程中进入。

泡沫:用于热隔离的泡沫。

塑料制品、尼龙类:一次性水杯、快餐盒、在烘烤或储藏过程中使用的黑色水管、运输卡车上的覆盖物等。

橡胶类:加工设备的残留,包括皮带、坐垫、轮胎等。

其他:任何以上未提及的无机物(例如玻璃纤维、屋顶材料等)。

按对烟叶的危害程度,可将非烟物质分为一类、二类、三类。

（1）一类非烟物质:塑料制品、泡沫、羽毛、橡胶类、金属、玻璃等。

（2）二类非烟物质:纸类、布类、石块等。

（3）三类非烟物质:植物及非烟草类植物纤维(含茎秆、草、松木、玉米棒、植物权及叶)、食品等。

（二）非烟物质的追踪

利用手机应用程序实现生产、收购过程中对非烟物质的追踪与控制。在育苗、大田种植过程中,烟草公司的工作人员向育苗队、烟农发放非烟物质手册,让他们了解非烟物质种类,以便他们对出现或可能出现在烟叶中的非烟物质进行及时清理。在收购时,烟农将烟叶送往收购点前会先对烟叶进行非烟物质检查,已被收购的烟叶的基本信息就会被记录在手机应用程序系统内。收购后将会对烟叶进行预检,对于预检中发现非烟物质的,一律不通过预检,需整改后再进行预检。情节严重者,工作人员会对提供该烟叶的烟农发不合格整改通知单,同时不合格烟叶的来源(所属烟农)、非烟物质的类别等信息也会被记录备案。

十四、生产成本调查

将烟草生产全过程划分为育苗、移栽、大田管理、采收烘烤和烟叶交售 5 个阶段进行调查,各阶段的调查要确保覆盖所有主要生产方式。

调查按烟草生产投入结构分为烟草公司投入、专业合作社(或专业服务队)投入和人工投入 3 个部分。调查结果采取对各种生产类型按种植面积(以公顷为单位)分别加权平均的方式统计调查数据。家庭用工单价按当地物价局公布的家庭用工折价标准计算。

（一）育　苗

育苗阶段生产投入结构主要包括专业化育苗工厂投入、专业合作社（或专业服务队）投入。

成本包括建育苗棚及育苗过程中产生的生产资料（烟种、基质、棚膜等）费、人工费及基础设施（搭棚建池材料、棚架等）费等。

（二）移　栽

移栽阶段生产投入结构主要包括烟草公司投入、烟农投入。

成本包括生产资料（肥料、机耕等）费、人工费、管理（物质运输、水、汽油、柴油）费等，其中烟草公司提供部分肥料、机耕补贴。

（三）大田管理

大田管理阶段投入结构包括烟草公司投入、烟农投入。

成本包括生产资料（农药、肥料等）费、人工费等，其中烟草公司提供部分农药补贴。

（四）采收烘烤

采收烘烤阶段投入结构包括专业合作社投入、烟农投入。

成本包括材料（烘烤用煤、烘烤用电）费、管理（运输、服务）费、人工费等。

（五）烟叶交售

烟叶交售阶段投入结构包括烟草公司投入、烟农投入。

成本包括烟草公司补贴（不适用烟叶、技术推广、专业化分级服务）、烟农承担的管理（专业化分级服务、运输）费、人工费等。

第四节　作物领域实施成效

一、作物领域实施成效

与 2017 年相比,2018 年作物领域烟草生产过程中的污染物、烟农收益评估分数提高;关键标准、有害生物综合治理评估分数降低;品种选择、作物管理评估分数持平。具体情况见表 3 - 17。

表 3 - 17　贵州省 STP 试点 2017—2018 年作物领域评估分数

年　份	原　则	关键标准	品种选择	作物管理	有害生物综合治理	烟草生产过程中的污染物	烟农收益	总　分
2017 年	供应商自评	100 分	100 分	99 分	80 分	32 分	45 分	83 分
	英国 AB Sustain 公司评分	89 分	100 分	93 分	81 分	90 分	33 分	85 分
2018 年	供应商自评	98 分	100 分	99 分	79 分	54 分	50 分	85 分

关键标准评估分数降低的原因在于个别试点没有在培训前测试考核,并且没有统计总结考核情况。STP 要求:

(1)定期测试或评估相关人员对 STP 的理解。

(2)对所有相关人员评估结果和培训进行记录,以确认他们理解与其任务相关的 STP 标准。

(3)要有适当的程序来确保相关人员了解、确认 STP 的实施,并且对其的演变和发展要保持时刻更新。

在培训前和培训后对同一批抽选出来的人员进行培训内容考试,通过前后成绩的对比能够清楚地知道培训是否有效果,如培训前的考试没通过,培训后的考试通过了,那么就意味着培训对其是有效果的,反之则没效果,需要进行再培训。

有害生物综合治理评估分数降低的原因在于个别试点没有进行轮作。烟草公司应确定烟草如何与其他作物进行轮作或田块进行闲置的时期,并且要告知烟农。STP 要求轮作应该是种植 1 次烟草,然后种植 2 种非茄科作物;或种植 1 次烟草,随后至少 3 个月田块闲置,然后种植 1 季非茄科作物。在个别地区,上述轮作措施可以在 1 年内完成整个循环,这样可满足轮作的最佳措施要求。除此之外需要改善的地方:

(1)非烟物质的管控。STP 要求烟草公司评估每个烟农在烤房群、家中和田间存在非烟物质的风险,同时在调制及打包期间也要随机对非烟物质进行检查并记录,对发现有较多非烟物质的,要有具体惩罚措施。

(2)继续完善烟草种植成本的调查。培训烟农关于成本控制的方法,让他们了解实施专业方法后能提高的经济效益和时间效益。STP 要求烟草公司应利用从成本分析获得的数据中找出潜在节约的环节,以实施一些措施来增加烟农的效益和生产力。许多因素可能会影响烟农的效益和生产力,包括气象、化肥和农药价格的波动。

二、作物领域取得的优势

(一)贵州省 STP 烟叶数据采集系统

2016 年以来,贵州省全面推广 STP 烟叶数据采集系统,其中包含作物领域中需要监测最佳措施实施情况的指标,减轻了调查人员的工作负担,提高了调查的准确度,使得调查内容更加具体。

(二)《STP 烟农应知应会手册》的发放全覆盖

2018 年,由中国烟草总公司贵州省公司烟叶管理处牵头,中国烟草贵州进出口有限公司同试点烟草公司共同制定并向烟农发放了《STP 烟农应知应会手册》,共计 1233 本,实现各试点烟农 100% 全覆盖。《STP 烟农应知应会手册》涵盖 STP 作物领域所有适用标准,通过书面的方式向试点烟农宣传了 STP 相关内容,加强了他们对 STP 的理解。

通过突击访问验证烟农是否阅读和了解手册内容,随机访问对象中有 75% 的烟农知晓并理解手册中的内容。

（三）全面推广适用技术和绿色生产技术

1.建设优质烟区

生态决定特色,良好的生态环境是生产优质烟叶的重要基础。贵州省的海拔、地形、气候、土壤等生态资源禀赋造就了贵州省烟叶的独特风格和优良品质。党的十九大报告强调,必须树立和践行绿水青山就是金山银山的理念,坚持节约资源和保护环境的基本国策,像对待生命一样对待生态环境,形成绿色发展方式和生活方式,坚定走生产发展、生活富裕、生态良好的文明发展道路,建设美丽中国。贵州省烟草行业坚持和贯彻新发展理念,始终坚持生态优先,充分发挥生态这个最大优势,重点抓好烟区布局优化、烟区建设优化、烘烤燃料替代,着力建设优质烟区。

一是优化烟区布局。近年来,贵州省烟草行业在巩固提升现代烟草农业基地单元建设的基础上,根据国家严控烟叶规模和烟叶市场变化的实际,积极主动优化调整布局,严控不适宜生态烟区的生产规模,调减次适宜生态烟区的生产规模,增加适宜和优质生态烟区的生产规模;严格按照工业需求组织烟叶生产和收购,把有限的计划资源向市场需求旺盛的适宜生态烟区和优质生态烟区相对集中配置;选择生态优越、特色彰显、品质优良的区域,打造以千亩村、万担乡为主的骨干烟区,单元式、区域化、品牌化整体推进优质烟区集中连片种植。

二是优化烟区建设。坚持生态产业化、产业生态化发展思路,根据贵州省烟区生态和烟叶香型区划,打造山地生态烟叶产业带。在以乌江流域、娄山山脉为核心的中东部烟区,重点打造蜜甜香型山地生态烟叶产业带,2017 年产量 300 万担,占全省总产量的 55%;在以盘江流域、乌蒙山脉为核心的西部烟区,集中打造清甜香型山地生态烟叶产业带,2017 年产量 250 万担,占全省总产量的 45%。围绕 2 个烟区的生态,完善 2 种技术标准,构建 2 种技术体系,因地制宜完善配套设施。

三是推进烤房升级。为了适应国家越来越严的环境保护要求,助力贵州省国家生态文明试验区建设,推进乡村环境整治,近年来,贵州省烟草行业积极进行生物质能、空气源热泵、太阳能等清洁能源替代煤等传统能源进行烟叶烘烤的研究,取得了初步成效。2018 年,全省新增生物质能烤房 4697 座、空气源热泵烤房 503 座;2019 年,全省新增生物质能烤房 5430 座;2020 年,计划新增生物质能烤房 1 万座,STP 试点安龙县全县实现全部用生物质能烤房烘烤烟叶。截至 2019 年底,贵州省有生物质燃料加工厂53个。下一步,贵州省将采取市场化运作模式,积极引导设备生产企业、投(融)资方和烟农合作社,充分利用国家清洁能源推广扶持政策和贵州省烟叶自身优势,有效整合社会各方资源,大力推动清洁能源烤房改造建设,稳步推进烟叶烘烤方面清洁能源替代传统能源工作,力争用3~5年时间逐步完成烘烤设施改造升级工作,落实烟叶烘烤节能减排措施,努力开创烟叶好、烟农富、烟区美的烟草生产新未来。

2.改良烟区土壤

烟田是烟草产业发展的根本支撑,保护烟田就是保护烟叶生产力。为解决长期连作、大量施用化肥、长期使用地膜等使地力退化、污染严重的问题,贵州省烟草行业聚焦土壤保育,突出抓好精耕细作、培肥土壤、废弃地膜回收利用等有效保护措施的落实,着力做优基本烟田。

一是抓好精耕细作。采用深耕松土、深沟高垄、轮作休耕等方式,注重用地与养地相结合,实行科学耕作、排水、休耕,重视肥料的应用,保持土壤有机质含量和矿质养分含量的平衡,并不断提高土壤肥力。近年来,贵州省烟草行业把深翻炕冬、深沟高垄作为关键技术在全省全面推广,推广比例达到100%;将烟田轮作作为土壤保育的一项重要生产措施长期坚持,通过多年推进,探索出烟叶—绿肥—烟叶、烟叶—水稻、小麦(玉米)—烟叶等轮作方式,让土壤在轮作中"休养生息",从而达到改善土壤理化性质的目的。近年来,贵州省烟田轮作比例达65%以上。同时,贵州省加强科技创新研究,筛选拮抗菌,开发烟草专用多抗菌剂,提高烟株抗性,减少农药的施用,保护生态环境;筛选、提纯提供植物营养的菌株,有效活化土壤残留养分,加快土壤中养分矿化过程,促进烟株根系发育,降低化肥施用率。

二是抓细土壤培肥。采用增施有机肥,实行秸秆还田,种植绿肥,加强水肥科学管理等措施,培肥土壤,提高有机质和养分的含量,改善生态系统,使土壤资源显现出应有的生态效益和社会经济效益。

(1)增施有机肥:贵州省烟草行业开展自制有机肥研究,按照"政府领导、烟草公司引导、烟农合作社为主体、烟农参与"的总体思路,初步形成"设施完备、技术成熟、队伍稳定、供需平衡"的有机肥产业体系。截至2018年,贵州省烟草行业建成标准化有机肥生产工场69个。

(2)种植绿肥:绿肥可富集和转化土壤养分,调节土壤有机质,改善土壤结构和理化性质,促进土壤微生物的活动,提高烟田轮作效果。2017—2019 年,贵州省绿肥压青面积从 3.47 万 hm² 增加到 4.67 万 hm²。

(3)加强水肥科学管理:贵州省烟草行业组织召开施肥水平方案座谈会,强化肥料配方研究,以基地单元为单位,按照土壤肥力因地制宜确定施肥量、施肥方式、施肥时间。贵州省烟草科学研究院加大水肥一体化研究,通过适时、适量满足烟株对水分和养分的需求,实现对烟株营养的精准调控,提高烟叶品质尤其是上部烟叶可用性,推动烟草平衡施肥技术的升级,促进烟草生产减工降本、提质增效。

三是抓实废弃地膜回收利用。贵州省自 2013 年启动了废弃地膜回收试点工作以来,着力在回收机制上深化研究,坚持"政府领导、烟草公司引导、合作社为主体、烟农参与"的总体思路,创建了"户清除、点集中、社收集、场加工"的运行模式,形成了"烟农收集 + 合作社回收 + 地膜生产供应商加工再利用"的组织方式,建立了废弃地膜清除、回收、包装、运输技术标准,开发了育苗托盘等衍生产品,努力实现加工增值。截至 2019 年,贵州省烟农合作社或地膜生产供应商已累计建成 15 个废弃地膜回收加工厂。2018 年,贵州省烟草生产中废弃地膜清除率和加工利用率均在 80% 以上。2019 年,贵州省烟草生产中废弃地膜清除率为 100%,加工利用率在 80% 以上。

3.开展绿色防控

在烟叶生长的过程中,烟草病虫害严重影响着烟农效益的增加和烟叶质量的提升。传统对付病虫害的方法是使用化学农药防治,但农药防治不但对环境带来影响,害虫的抗药性也会增强或发生变异,烟田中只能随之增大农药施用剂量,这样不仅导致农药施用量成倍增长,还容易导致病虫害更加频繁、大面积发生,这种恶性循环给烟叶品质安全和生态环境带来极大隐患。为贯彻落实绿色发展理念,降低农药施用率,提高烟叶品质安全,减少对生态环境的破坏,近年来,贵州省烟草行业始终坚守农药"零增长"底线,通过技术创新、体系建设,突出在加大绿色防控推广、严格控制农药施用上狠抓落实,筑牢烟叶品质安全屏障,着力做好特色优质烟叶。

一是强化生态控制。从培育健康烟株和维护烟草生长环境入手,减少病虫害初始侵染源,控制传播途径,并创造有利于害虫天敌生存繁衍,而不利于病虫害发生的生态环境,系统地开展清洁生产和合理农作。

(1)优化品种布局:根据各地的土壤状况、病虫害发生规律,有针对性地选择品种,注重品种的合理搭配和品种的合理布局,降低病虫害发生概率。目前,贵州省烟草形成了以云烟系列品种和K326品种为主,自育品种、示范后备品种为辅的品种格局。

(2)优化烟区:围绕设施规划烟田,围绕烟田落实烟农,推广相对集中的连片种植,将烟草生产计划向生态条件好、市场需求旺、特色明显的适宜烟区转移。

(3)优化生产技术:按照烟田轮作规划要求,建立合理的轮作制度,建立以烟为主的耕作制度,实现"以烟为主、种养结合"的轮作模式。种烟田地在收获后及时进行机械深耕、晒垡,以改善土壤理化性质,减少土壤中的病原菌和虫卵。实行烟田高垄深沟,促排水、控积水。合理施肥改善烟草的营养条件,提高烟株抗病虫害能力。烟叶采摘完后,及时组织开展烟秆和田间杂草的清理清除工作,减少越冬病虫基数。通过生态控制,提高烟株自身抵抗力减少病虫害发生。

二是强化生物防治、物理防治。放飞烟蚜茧蜂、蠋蝽,通过"以虫治虫"的方式进行生物防治,加大性诱剂、色板等的推广应用,降低农药施用率,保护生态环境。

(1)烟蚜茧蜂生物防治技术推广与应用:烟蚜是我省烟草生产中的主要害虫,严重影响烟草等多种农作物的产量和品质,造成的经济损失最高可达40%。蚜害既影响烟叶的外观质量,又影响内在品质。2013年以来,贵州省把烟蚜茧蜂防治烟蚜作为主推技术在全省推广。2018年以来,全省实现烟蚜茧蜂生物防治全覆盖。烟蚜茧蜂生物防治烟蚜技术不仅可以大幅减少农药的施用剂量,延缓烟蚜对农药抗药性的产生,同时还能提高烟田害虫主要天敌瓢虫、食蚜蝇、草蛉等的数量和多样性,对烟田生态具有明显的保护作用。

(2)蠋蝽生物防治技术推广与应用:蠋蝽的生物防治技术是中国烟草总公司贵州省公司和中国农业科学院合作研发的、具有自主知识产权的又一项生物技术应用标志性成果。蠋蝽是斜纹夜蛾、烟青虫等的天敌,通过人工繁育蠋蝽,可以用于烟草移栽后防治斜纹夜蛾、烟青虫等烟草害虫。目前,贵州省烟草行业已经建立了蠋蝽的规模化饲养体系,并建成年产蠋蝽3000余万头的烟草害虫天敌繁殖基地,形成了一套相对成熟的技术规程。2019年,贵州省在烟草上推广蠋蝽生物防治技术0.8万hm^2,并为全国提供0.2万hm^2生物防治用的蠋蝽。

(3)物理防治技术推广与应用:除了烟蚜茧蜂和蠋蝽,贵州省烟区应用色板诱

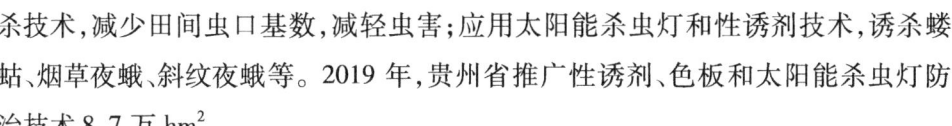

杀技术,减少田间虫口基数,减轻虫害;应用太阳能杀虫灯和性诱剂技术,诱杀蝼蛄、烟草夜蛾、斜纹夜蛾等。2019 年,贵州省推广性诱剂、色板和太阳能杀虫灯防治技术 8.7 万 hm^2。

三是严格控制农药施用。贵州省烟草行业加强农药采购、供应和施用管控,强化源头治理,杜绝采购和施用多菌灵、甲基硫菌灵、二甲戊灵、三唑醇等农药。大力推进专业化植物保护,做到科学用药、规范用药、减量用药。与此同时,贵州省烟草行业构建了全省烟叶 GAP 管理体系,以烟农合作社为载体,以专业化服务为抓手,全面推进烟区生态环境保护、烟农健康安全保护和烟叶品质安全保障同步发展。

第四章
贵州省 STP 农艺部分环境领域实施成效

第一节 环境领域主要内容

烟草公司组织烟农进行烟草生产的同时,应最大限度减少对环境可能造成的不利影响。烟草公司应考虑烟草生产对本地环境(如自然资源)和潜在的更广范围(如气候变化)的影响;同时应鼓励烟农保护、再利用和再循环烟草生产中所用的自然资源,包括木材、水和燃料等。环境领域包括24款,有二级标准24条、指标103条。

一、关键标准

该标准涉及的内容贯穿整个环境领域,目的主要在于反映整个环境领域的实施水平。该标准具体包括对环境领域其他标准涉及的指标进行风险评估、对烟农进行环境保护相关知识培训,以及实时对烟区环境保护的实施情况进行监测。关键标准具体内容见表4-1。

表4-1 关键标准具体内容

款 目	标 准
风险评估	公司用风险评估方法识别和降低影响环境领域标准的任何明显风险
烟农培训计划	公司就STP环境领域中与烟农有关的标准和其进行了交流,并对其进行了培训
烤烟生产过程监测	公司系统性地实地监测STP环境领域标准的有效实施情况

二、水资源管理

水资源管理的目的是保证水资源的质量都符合烟草生产的要求,并且提高水资源利用效率。水资源管理具体内容见表4-2。

表4-2　水资源管理具体内容

款　目	标　准
减少用水量	烟农用水的目标是减少生产每公斤初烤烟的耗水量
水抽取	烟农抽取的水量不得超过水资源的可持续有效量或更为严格的法规允许的最大抽取量
灌溉水质量	烟农用于灌溉烟草的水的质量要避免对作物或土壤造成不利影响

三、土壤管理

进行土壤管理的目的是在保护土壤的同时保持和增加产量,降低作物生产成本。土壤管理具体内容见表4-3。

表4-3　土壤管理具体内容

款　目	标　准
土壤保育计划	公司制订书面计划以确保植烟土壤得到保护

四、污染控制

污染控制的目的是指导烟农在生产过程中减少对水体、土壤和大气的污染,要求烟草公司应确认并量化烟草在生产过程中释放到环境中的任何污染物。污染控制具体内容见表4-4。

表4-4　污染控制具体内容

款　目	标　准
水资源保护计划	公司要制订并实施一个水资源保护计划,以减少烤烟生产对水污染的风险

续表

款　目	标　准
水污染监测	针对风险评估中识别出的所有潜在污染物,公司应对烟草种植区域的河道和水体进行监测
土壤保护计划	公司制订土壤保护计划,以防止烤烟生产过程中土壤遭受污染和化学性破坏
减少烤烟生产对大气的影响	公司应制订和实施计划,使烤烟生产对大气的影响降至最小

五、废弃物管理

通过对生产材料的经济高效利用、再利用、再循环和无害化处理,尽可能减少对环境的任何潜在危害及废弃物的产生。废弃物管理具体内容见表4-5。

表4-5　废弃物管理具体内容

款　目	标　准
塑料的回收利用和处理(农药包装物除外)	公司对烤烟生产中所使用的塑料制定并实施回收利用和处理的最佳措施
育苗盘的回收利用和处理	公司对育苗盘的回收利用和处理制定并实施最佳措施
非危险性废弃物的回收利用和处理(不包括塑料和育苗盘)	公司对非危险性废弃物的回收利用和处理制定并实施最佳措施
危险性废弃物的储存、回收和处理	公司对烤烟生产过程中产生的危险性废弃物的储存、回收和处理制定并实施最佳措施
农药包装物的回收和处理	公司对烤烟生产过程中产生的农药包装物的回收和处理制定并实施最佳措施
使用可再生土壤基质育苗	使用可再生土壤基质育苗,避免使用泥炭进行育苗

六、燃料的使用效率及温室气体减排

烟草公司应指导烟农通过资源的有效利用减少温室气体的排放和不可再生资源的消耗。燃料的使用效率及温室气体减排具体内容见表4-6。

表 4 - 6　燃料的使用效率及温室气体减排具体内容

款　目	标　准
减少烤烟烘烤中的燃料使用量	公司记录烤烟烘烤过程中的燃料用量,目的是减少每公斤初烤烟的燃料消耗量
烤烟生产过程中的温室气体减排	公司应通过分析识别烤烟生产过程中温室气体排放大的活动,并制订计划减少这些活动

七、生物多样性

烟草生产要尽量减少对生物多样性的不利影响,并在可行的情况下,在烟草种植区域内采取措施来保护和恢复自然环境。生物多样性具体内容见表 4 - 7。

表 4 - 7　生物多样性具体内容

款　目	标　准
保护生物多样性	公司收集烤烟种植区域及其周围生物多样性的内容和外部资料,制订和实施生物多样性计划

八、木材使用

在烟草生产过程中,要求所有使用的木材是可再生的。木材使用具体内容见表 4 - 8。

表 4 - 8　木材使用具体内容

款　目	标　准
用于烤烟烘烤木材的可持续性	当木材作为燃料用于烘烤烟叶时,烟农只能使用可持续性木材
用于建造烤房和烤房架的木材和竹子的可持续性	当使用木材或竹子来建造烤房,或用作烤户框架、柱桩时,烟农只能使用可持续性木材或竹子
木材和竹子的可追溯性	建立可追溯系统,追溯烤烟生产过程中使用的所有木材和竹子的来源

九、新耕地

当准备利用新土地种植烟草时,需采取必要措施确保对周围环境带来的负面影响最小。新耕地具体内容见表4-9。

表4-9　新耕地具体内容

款　目	标　准
用新耕地种烟	公司对所有潜在的新烟田进行详细和文件化的评估,以确保其适用于烟草生产,并尽可能减少对环境的不利影响

第二节　环境领域工作现状

一、环境领域发展标准

党的十八大以来,习近平总书记对建设生态文明和加强环境保护提出了一系列新理念、新思想、新战略,为生态保护提供了科学理论指导和行动指南。STP环境领域是在遵守《中华人民共和国环境保护法》《中华人民共和国水污染防治法》等的相关规定的前提下,鼓励烟农在烟草生产中对利用的自然资源(包括木材、水和燃料)进行保护、再利用和回收。

(一)《中华人民共和国水污染防治法》

第五十三条　制定化肥、农药等产品的质量标准和使用标准,应当适应水环境保护要求。

第五十四条　使用农药,应当符合国家有关农药安全使用的规定和标准。运输、存贮农药和处置过期失效农药,应当加强管理,防止造成水污染。

第五十五条　县级以上地方人民政府农业主管部门和其他有关部门,应当采取措施,指导农业生产者科学、合理地施用化肥和农药,推广测土配方施肥技术和高效低毒低残留农药,控制化肥和农药的过量使用,防止造成水污染。

(二)《中华人民共和国土壤污染防治法》

第二十九条　国家鼓励和支持农业生产者采取下列措施:

(一)使用低毒、低残留农药以及先进喷施技术;

(二)使用符合标准的有机肥、高效肥;

(三)采用测土配方施肥技术、生物防治等病虫害绿色防控技术;

(四)使用生物可降解农用薄膜;

(五)综合利用秸秆、移出高富集污染物秸秆;

(六)按照规定对酸性土壤等进行改良。

(三)《中华人民共和国大气污染防治法》

第三十二条　国务院有关部门和地方各级人民政府应当采取措施,调整能源结构,推广清洁能源的生产和使用;优化煤炭使用方式,推广煤炭清洁高效利用,逐步降低煤炭在一次能源消费中的比重,减少煤炭生产、使用、转化过程中的大气污染物排放。

第七十七条　省、自治区、直辖市人民政府应当划定区域,禁止露天焚烧秸秆、落叶等产生烟尘污染的物质。

二、中国烟草总公司贵州省公司对产区植烟环境的保护

(一)公司政策

在持续提高烟草种植技术的同时,要求生产者遵守环境保护相关法律法规和标准,营造烟草生产的良性环境,协调烟草生产与环境保护的关系。为了更好推进烟草可持续发展,中国烟草总公司贵州省公司积极推进实施相关体系标准,推动烟草可持续和环境可持续协调发展。

1. GAP 对环境领域的要求

2010 年开始,中国烟草总公司贵州省公司开展烟草 GAP 的试点工作,与南京国环有机产品认证中心开展合作,共同启动"贵州省烤烟 GAP 生产研究和推广示范"项目。项目根据贵州省烟草生产的特点,在多年生产实践的基础上,共同研发

和制定了《贵州省烟叶控制点与符合性规范》,致力于在烟草生产与环境保护之间寻求一种良好平衡,在生产优质烟叶的同时,对土壤、水资源、大气、生物多样性等进行保护。

在整个 GAP 环境项目中,主要评估土壤、水资源、大气及废弃物回收等项目,具体包括:

(1)提高烘烤效率,使用生物可替代能源以减少碳排放。

(2)苗床使用后肥水收集处理办法。

(3)防止水土流失的保护性栽培,如采用梯田、等高线种植等栽培方式。

(4)大田平衡施肥,注重营养平衡。

(5)科学施用与管理农药。

(6)生产过程中的废弃物处理,如苗床托盘、薄膜、地膜、化肥袋、农药包装物等的回收与处理办法。

2. 推广绿色生产技术

在烟草生产上,贵州省烟草产业一直比较注重保护生态环境,通过优化技术和构建绿色生产体系,尽可能减少对环境造成的污染和破坏。一是有机肥入田提质方面。把有机肥施用作为主推技术在全省全面推广应用,对有机肥施用量不足的烟区,积极推广绿肥压青,减少化肥施用量,改良烟区土壤。二是废弃地膜回收利用。指导烟农合作社在烟区建立废弃地膜回收利用加工厂,同时对烟农回收地膜给予补贴。废弃地膜回收加工厂将回收来的废弃地膜经过破碎清洗线、造粒生产线、注塑生产线等一系列工序,最终生产成塑料筐篮、育苗托盘等成品。三是减少化学农药的施用。近年来,贵州省烟区坚持"以虫治虫"的生物防控理念,大力推广应用烟蚜茧蜂、性诱剂和生物农药防控技术。同时,贵州省烟区还大力推广专业化植物保护,坚持科学用药、规范用药、减量用药。除此之外,他们还构建推行烟叶 GAP 管理体系,积极探索 STP 体系,全面推进烟区生态环境保护、烟农健康安全保护和烟叶品质安全保障的同步发展。四是利用清洁能源替代燃煤烘烤。近年来,贵州省烟区主动履行环境保护责任,积极探索生物质能、空气源热泵、太阳能等清洁能源替代传统能源,在提高烟叶烘烤质量的同时,使有害物质排放量大幅度减少了,烟草产业对环境保护的贡献度也随之大幅提升了。

3.《遵义烟草社会责任手册》

贵州省烟草公司遵义市公司于 2016 年 8 月发布实施了《遵义烟草社会责任手

册》,明确烟草生产企业要增强社会责任意识,积极履行社会责任,努力成为节约资源、保护环境的表率,努力成为以人为本、构建和谐企业的表率,努力成为国家经济的栋梁和全社会企业的榜样;认真落实节能减排责任,带头完成节能减排任务;发展节能产业,开发节能产品,发展循环经济,提高资源综合利用率;增加环保投入,改进工艺流程,降低污染物排放量,实施清洁生产,坚持走低投入、低消耗、低排放和高效率的发展道路。

4.《兴义市烤烟生产 SRTP 实施细则》

黔西南布依族苗族自治州烟草公司兴义市分公司委托具有相关资质的单位,对烟叶基地的空气质量、土壤质量、灌溉水质量进行定期监测;原则上空气质量每 5 年监测 1 次,土壤质量每 3 年监测 1 次,灌溉水质量每年监测 1 次。在发现环境异常变化或收到环境污染举报时,及时取样检测,检测项目和分析方法按照国家标准及行业标准执行。

(二)风险评估

对每一项适用的二级标准进行风险评估,具体包括 5 个流程:

(1)确定环境领域中每个标准的风险:哪一项标准可能会出错及其产生的后果。

(2)评估风险。

(3)确定整改措施。

(4)实施整改措施。

(5)审议实施整改措施的有效性。

环境领域的评估:一是对烟草公司进行评估,判断其是否科学制定最佳措施,并对烟农进行实施最佳措施的相关培训;二是针对烟农进行评估,判断其是否能按照烟草公司的要求进行烟草生产,如是否合理施用农药、是否进行农药施用记录等。

1. 风险识别

详细方法步骤见第一章第四节风险评估部分。风险评估结果见表 4 - 10。

2. 制定并实施整改措施

确定风险等级之后,根据风险等级的描述,针对需要限期整改或立即整改的标准分别制定整改措施。制定并实施整改措施:一是烟草公司要规定整改的措施和期限,将相关要求通过培训交流的方式宣传至烟农,并选派相关人员在适当时期内进行监督;二是烟农在接受培训之后,需要清楚地认识到整改的必要性,积极配合烟草公司及相关人员的监督。

表4-10 环境领域风险评估结果(2017年1月评估)

一级标准	二级标准	风险等级
关键标准	风险评估	9
	烟农培训计划	12
	烟草生产过程监测	12
水资源管理	减少用水量	6
	水抽取	4
	灌溉水质量	9
土壤管理	土壤保育计划	6
污染控制	水资源保护计划	12
	水污染监测	12
	土壤保护计划	12
	减少烤烟生产对大气的影响	9
废弃物管理	塑料的回收利用和处理(农药包装物除外)	6
	育苗盘的回收利用和处理	12
	非危险性废弃物的回收利用和处理(不包括塑料和育苗盘)	8
	危险性废弃物的储存、回收和处理	12
	农药包装物的回收和处理	16
	使用可再生土壤基质育苗	6
燃料的使用效率及温室气体减排	减少烤烟烘烤中的燃料使用量	9
	烤烟生产过程中的温室气体减排	12
生物多样性	保护生物多样性	12

注:风险等级中阴影部分表示风险等级为较高风险,需要制订具体改进计划。

(三)教育培训

见第三章第二节教育培训的相关内容。

(四)数据采集和监控

见第三章第二节数据采集和监控的相关内容。

(五)水土资源

我国有严格的水资源保护相关法律法规,烟草公司和烟农的所有行为和活动都应遵循这些法律法规。要实现水资源保护,改善水环境,必须控制污染物入河量。根据污染物入河量和河流纳污能力,确定入河污染物控制量和削减量,并拟定污水处理设施建设规划。水土保持工作实行预防为主、保护优先、全面规划、综合治理、因地制宜、突出重点、科学管理、注重效益的方针,通过工程措施、生物措施及农耕措施实现。

STP 要求烟草生产要使水资源利用率最大化,要尽可能确保使用水的质量符合生产要求;评估和管理水质、土壤的物理污染及化学污染风险;在降低作物投入成本、维持和增加产量的同时,进行土壤保育。为此需要做到:

(1)减少烟草生产的单位耗水量,合理使用水资源。

(2)评估灌溉水的水质,包括是否有微生物污染、化学污染和物理污染。定期对水质及由风险评估确定的指标进行监测分析。

(3)制订并实施水资源保护计划,比如禁止在水体附近配置或混合农药,在处理和储存有机肥、无机肥和农药时防止其对水体的污染。

(4)至少每 5 年对所有种植区域进行 1 次土壤检测,至少每 3 年对所有种植区域水体进行 1 次检测。

(5)制订土壤保护计划,比如在烟田种植绿肥等。

(6)精准施用农药,以避免农药残留在土壤中。

水资源保护工作内容:

(1)配合当地人民政府修建或投资建设水源性工程。

(2)在烟草生产过程中制定相应措施以保护水体和水生生态系统免受污染。

(3)推广烟草生产节约用水技术。

(4)就烟草生产对水资源的污染情况进行检测。

土壤保育措施主要包括建立以烟草为主的轮作制度、实行保护性耕作、改良土壤耕性、增施有机肥改良土壤、秸秆还田等。

(六)大气资源

根据《国务院关于印发"十三五"控制温室气体排放工作方案的通知》(国发〔2016〕61号)相关要求,贵州省大力发展低碳农业。坚持减缓与适应协同,降低农业领域温室气体的排放;实施化肥施用量零增长行动,推广测土配方施肥,减少农田氧化亚氮的排放;控制农田甲烷排放,选育高产低排放良种,改善水分和肥料管理;实施耕地质量保护与提升行动,推广秸秆还田,增施有机肥,加强高标准农田建设。

STP要求烟草公司评估烟草生产过程中导致大气污染的主要潜在来源,制订和实施整改计划,以减少因烟草生产而导致的大气污染。为此,各地下发了《提高烤房效率和减少温室气体排放的行动实施方案》。烟草公司评估可能的污染源有烘烤燃料燃烧的尾气、露天焚烧作物秸秆、农药、化肥、烟农家畜粪便、有机肥的发酵等。整改措施包括发展清洁能源烘烤燃料和烤房,减少农药和化肥的施用,积极发展施用有机肥,提高各种烤房对燃料的利用率。

(七)烤烟烘烤用燃料来源的可持续性

为了监测烤烟烘烤用燃料来源的可持续性,菲利普·莫里斯国际公司创建了一种对烤烟烘烤用燃料来源的可持续性的评估方法——追踪核实报告(Monitoring Verification Reporting,MVR),其目的是通过燃料的可追踪性来评估燃料的可持续性。

MVR包括了解燃料来源、确保可持续、透明和清晰的流程、利益相关方4个原则。每个原则由标准、指标、指标指南和满足该部分的基本要求4个部分构成。通过试点和本地化,适用指标有23个,见表4-11。

该方法于2018年先后在贵州省黔西南布依族苗族自治州安龙县、遵义市播州区进行试点。

表4-11　MVR适用指标

指　　标	问　　题
指标1.1	烟农烘烤烟叶

续表

指　标		问　题
指标 1.2	1.2.a	燃料类型
	1.2.b	烟农烘烤烟叶时使用的燃料数量
	1.2.c	烟农烘烤出口烟叶时使用的燃料数量
	1.2.d	烘烤效率计算(kg/kg 或 m³/kg)
指标 1.3		各种烤房数量
指标 2.1	2.1.a	用可持续生物质燃料烘烤的烟叶
	2.1.b	用不可持续生物质燃料烘烤的烟叶
	2.1.c	用煤烘烤的烟叶
指标 2.2		需要用相关文件来验证燃料能够被追溯至源头
指标 3.1	3.1.a	数据收集流程
	3.1.b	快速监测流程
	3.1.c	相关证书、记录等,如可持续燃料烘烤记录等
	3.1.d	职　责
指标 4.1	4.1.a	确定利益相关者
	4.1.b	描述利益相关者参与计划
指标 4.2	4.2.a	收到可持续燃料使用信息的烟农数,并证明其能很好理解相关信息
	4.2.b	按照要求减少燃料消耗的烟农数
	4.2.c	收到监测框架信息的烟农数,并证明其能很好理解监测框架要求
	4.2.d	培训相关数据收集人员按照 STP 要求进行数据收集
指标 4.3	4.3.a	针对不同的利益相关者建立合适的交流方式
	4.3.b	针对不同的利益相关者建立不同的交流指南
	4.3.c	制定并使用烘烤燃料质量保证机制

(八)烟草生产过程中产生的废弃物管理

为深入贯彻绿色发展理念,减少烟田土壤污染,国家烟草专卖局已将废弃地膜回收(利用)作为"十三五"期间一项重要的烟草生产管理主推技术,在全国烟区全面推广。中国烟草总公司贵州省公司从 2016 年开始,将废弃地膜回收(利用)作为主推技术,明确各产区回收地膜面积、加工利用数量。2016 年贵州省废弃地膜回收目标任务见表 4 - 12。

表4-12　2016年贵州省各市(州)废弃地膜回收(利用)技术推广面积目标任务

单位:万 m²

产　区	推广面积		产　区	推广面积	
	回　收	利　用		回　收	利　用
贵　阳	5333.3	2000	铜　仁	11 333.3	4000
遵　义	22 666.7	11 333.3	黔东南苗族侗族自治州	7333.3	2666.7
六盘水	5333.3	2000	黔南布依族苗族自治州	8000	2666.7
安　顺	2666.7	666.7	黔西南布依族苗族自治州	6000	2666.7
毕　节	30 000	10 000	全　省	98 666.7	38 000

注:废弃地膜利用推广面积包含在废弃地膜回收推广面积之中。

　　中国烟草总公司贵州省公司提出各地要因地制宜,积极探索"以旧换新、补贴引导"等多种废弃地膜回收模式,强化宣传引导,调动烟农积极性,严格按照废弃地膜回收工作流程(见图4-1),实行检查验收制度,确保补贴规范、有序、到位,切实保障烟农利益。

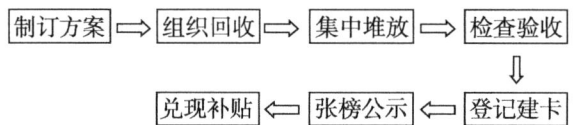

图4-1　中国烟草总公司贵州省公司规定废弃地膜回收工作流程

　　2017—2018年,贵州省各试点区域根据STP田间废弃物管理要求及内容,制订并实施了田间废弃物管理方案,要求回收废弃农药包装物、非危险性废弃物(如病株残叶)等。

(九)生物多样性

　　STP要求烟草公司应收集和整理在烟草种植区域内和其周围环境中具有生物多样性价值的数据,并创建和实施一个生物多样性管理项目。具体要求:

　　(1)明确在烟草种植区域内及其周围环境中应该受到保护的区域或应该加强野生动物保护的区域。

　　(2)烟草公司应向烟农提供关于烟草种植区域内受威胁和濒危的物种(已知或可能)的指南。凡在烟草种植区域内发现稀有和濒危物种或其栖息地,应优先制定和实施对这些物种或其栖息地的具体保护措施。

（3）公司应监测烟草种植方式及加强和保护生物多样性采取的措施对生物多样性的影响。如果可行,应根据调查结果对耕作方式和行动计划进行修正。

（4）执行一个长期的监测方法以确定耕作方式对生物多样性的影响需要至少3年。

第三节　环境领域实施措施

一、水资源保护

贵州省位于亚热带东亚大陆的季风区内,气候类型属中国亚热带高原季风湿润气候,常年降水量充沛,时空分布不均匀。年降水量的地区分布趋势是南多北少、东多西少,这与地形、山体坡向和海拔等因素有关。贵州省安顺市西南部、黔西南布依族苗族自治州北部、黔东南苗族侗族自治州东南部及铜仁市东北部一带,年平均降水量超过 1200 mm。威宁彝族回族苗族自治县、遵义市的桐梓县一带及黔东南苗族侗族自治州西北部一带,年平均降水量少于 1000 mm。根据对近 50 年的降水量分布情况进行分析,STP 试点烟区安龙县烟区年均降水量在 1178 ~ 1280 mm 之间,遵义市播州区烟区年均降水量在 930 ~ 1178 mm 之间。

烟草生长期间不仅要求有充足的降水量,还要求降水分布与烟草需水规律相吻合。移栽时烟苗根系活动较弱,此时较多的雨水供应能保持一定的土壤水分,有利于还苗成活。还苗成活到烟株达到旺长期,烟株小、耗水量低,适度干旱能促进根系发育,为旺长期烟株生长打下良好的基础,此时的月降水量以 80 ~ 100 mm 较为理想。烟草旺长期耗水量最大,此期如果水分过于亏缺,则会严重降低烟叶产量与质量,在降水量分布比较均匀的情况下,月降水量需达到 100 ~ 200 mm。成熟期月降水量为 100 mm 左右较为理想,过多或过少均会对叶片成熟和烟叶质量产生显著的影响。

据研究,在烟草的各个生长时期干旱均会使烟叶还原糖含量下降,总氮含量和烟碱含量升高,内在化学成分比例失调。其中生根期干旱对烟叶化学成分影响较小,干旱发生越晚、干旱程度越重,对烟叶化学成分的影响越大。土壤干旱对烟叶香气物质含量也有着明显的影响。干旱会使烟叶中降解类胡萝卜素物质如巨豆三烯酮等和部分类西柏烷类化合物如茄酮、β-大马烯酮等的含量下降。但成熟期轻度干旱能增加苯乙醇、茄酮和β-大马烯酮等部分香气物质含量。

降水量过多使土壤水分过多,也会对烟草生长和烟叶品质产生不利影响。有研究表明,当一块烟田淹水达 4 h,烟株生长就会受到伤害;如果淹水达 48 h,产量就会下降 15%。频繁降雨,水淹土壤,空气不足,将导致烟草根系缺氧,呼吸受抑制而不能正常生长;淹水时间过长,根系会因缺氧而死亡。淹水的土壤由于缺氧会引起厌氧细菌的活动,增大土壤酸度,影响烟株对矿物养分的吸收利用,同时还会产生一些有毒物质毒害根系。过多的降水量还会使气温降低,日照减弱,烟叶内有机物积累量减少,空气湿度增加,在高温情况下易发生病害。据相关研究报道,水分过多会抑制叶片分生组织细胞分裂,减少蛋白质合成,影响烟株生长。

(一)水节约

1. 井窖式移栽技术

井窖式移栽技术是指使用井窖制作设备在烟田垄体上制作适宜规格的井窖,将适龄壮苗移栽到井窖内,使烟苗正常生长发育的移栽方式。这种方式每株烟苗需要的定根水只有 80~200 mL,比常规移栽技术下每株烟苗定根水需要量减少60%~80%,可以有效克服最佳移栽期到来时气候干旱导致不利于移栽的情况;除此之外,这种方式还可以在移栽的早期为烟苗提供相对稳定的温度、湿度和营养环境,提高烟苗的成活率,缩短还苗期,促进烟株早生快发。

2. 蓄水抗旱

在一片烟田中选 1 块位置最高并且有一定倾斜度的烟田,在该烟田的最低处挖 1 个小池子,用不漏水的花胶纸(或厚塑料薄膜)铺好便成为一个简易"小水池",池子上方倾斜地面上用塑料膜铺好作为"集雨坪",让"集雨坪"上的水流进"小水池"便可蓄水。

16 m² 的"集雨坪"就可以让 0.5 m³ 的"小水池"蓄满水。例如,黔西南布依族苗族自治州烟区历年来 4 月和 5 月上旬的平均降水量不少于 66.2 mm,16 m² 的"集雨坪"就可集雨约 1.06 m³(16 m²×66.2 mm),按蒸发损失 50% 计算,还可集雨约 0.53 m³。烟苗移栽后可仍然保留"集雨坪"和"小水池"继续集蓄雨水,作为追施提苗肥、追施偏心肥、打药和伏旱抗旱用水。

3．杯罩式小苗井窖移栽

井窖制作：按 50 cm(行距 120 cm)或 60 cm(行距 110 cm)的移栽株距进行定点打制井窖，要求井窖口呈圆形，直径 8~10 cm，井窖深度为 18~20 cm。

移栽要求：苗龄 45~50 d。移栽时垂直提着烟苗叶片，苗根向下，将烟苗垂直放置于井窖内，根系必须与土壤粘连，然后放一小撮细土，以便苗根与土壤接触。

淋施水肥药液：烟苗放置于井窖后，用浓度 1% 的专用追肥液($N：K_2O=15：30$)加防治地下害虫的农药配制成水肥药液，并盛于专用水壶内，顺井窖壁淋下，每井 80~200 mL(垄体墒情好 80~100 mL、中等 100~150 mL、较差 150~200 mL)。如果是蛞蝓易发地，移栽后在井窖周围放 3~4 粒四聚乙醛预防蛞蝓、蜗牛等。

放置杯罩：待烟苗放入井窖，浇施好水肥药液后，将杯罩朝下扣于井窖内，杯罩口与井窖中部 6 cm 左右处衔接，罩住井窖内移栽的小苗。

查苗补苗：移栽后 5~10 d 要检查窖内烟苗生长情况，如果窖内无苗，要及时选健壮烟苗补进井窖内，以保证苗齐苗壮。

取杯罩：烟苗生长 10~15 d，待烟苗的烟芯生长高出井窖口 1~2 cm 时，即可取出杯罩。

填窖：取出杯罩后，沿井窖壁浇灌 2% 浓度硝酸钾水肥药液 200 g，浇灌后自动破壁冲土以达到填窖目的。

杯罩收纳：将杯罩重叠收纳后，用 0.1% 次氯酸钙消毒后用清水清洗干净，用绳子贯穿通气孔悬挂或用箱状容器盛放在阴凉处，勿使阳光直射。

4．节约用水

依据当年的降雨情况，在不影响烟叶质量的前提下，尽量减少水资源的消耗，提高水资源的利用率，减少生产单位初烤烟的用水量。用水：深耕期每 667 m^2 16~20 m^3(1~2 次)，旺长期每 667 m^2 22~25 m^3(2~3 次)，成熟期每 667 m^2 10~15 m^3(1 次)。

(二)水环境保护

烟区的水环境保护应该做好以下几点：

(1)合理选择田块位置和栽培技术，以减少土壤径流进入水体；鼓励等高种植和保护性耕作,尽可能促进水渗透进入土壤,减少地表径流。

(2)测土配方施肥,避免有机肥或无机肥渗透进入水源。

(3)对有机肥、无机肥和农药要正确处理和储存,采用高效、低毒、低残留农药代替长效性农药。加大生物防治实施力度,减少烟田施用农药量,防止对水体造成污染。

(4)烟田应做好开沟排水工作,保持降雨随降随走,不在烟田形成内涝,造成地下水污染。

(5)对烟草生产过程中排放的水进行合理管理(如漂浮育苗系统)。在漂浮育苗结束后,苗池水体禁止随意排放到河流、沟渠当中去,采用自然蒸发方式挥发苗池用水。

(6)为减少肥料和农药对土壤的渗透,在地表径流与附近烟田之间建立至少10 m 宽的缓冲区(或按照更严格的标准来执行);禁止在水体附近配制或混合农药。

(7)加大烟用物资回收力度,烟农不得把任何固体材料或烟用物资丢入河道或水体,以免造成水体污染。

(8)烟草种植要充分考虑保护烟草种植区周边所有的水资源,包括地表水(如池塘、湖泊、水库、河流、溪流、沟渠或深沟)、地下水(如井和蓄水层)。其中,地表水是与植烟土地关系最为密切的天然水系,对地表水的检测是水质监控的重点内容。烟草公司对烟区地表水的抽样检测是按照多点取样之后混合的原则,以 1 个基地单元的 3 个代表水体按上游和下游分别取样,共计 6 个样品;但如监测结果异常,将多点取样进行检测。烟草公司应至少每 3 年进行 1 次地表水检测,检测结果将作为不断改善 STP 水资源保护实施方案的依据。水样检测项目包括 pH、硝酸盐、亚硝酸盐、磷、重金属、生物需氧量、总悬浮颗粒物等。若监测结果显示烟草种植造成了水污染,则应该扩大水质分析范围。同时烟草公司应与水域内其他相关企业及个人合作,以降低污染物含量至适宜水平。

二、土壤保护

贵州省地处低纬山区,山峦起伏,地势的高低悬殊大,地形多变,成土原因极其复杂,导致土壤类型众多。按水平分布,从南到北依次有红壤、红黄壤和黄壤;按垂直分布,从低到高有红壤、黄壤、黄棕壤和山地草甸土等多种类型,还有一些非地带性的岩性土,如石灰(岩)土、紫色土等。

烟草生长对土壤 pH 的适应范围较广,但从优质烟生产的角度来讲,最适宜的土壤应为 pH 在 5.5~7.0 的弱酸至中性土壤。烟草生长适宜的土壤有机质含量因气候条件和土壤类型的不同而有差异,南方烟区的土壤有机质含量为 15~30 g/kg 最佳。适宜种植优质烤烟的土壤速效氮含量为 45~135 mg/kg。在土壤含氮量较高的植烟区常常因为土壤供氮能力过强,导致烟株生长旺盛,叶片较厚,主脉变粗,含氮化合物增多,烟叶品质变劣。适宜烟草生长的土壤全磷含量为 0.61~1.83 g/kg,土壤速效磷含量为 10~35 mg/kg,最佳土壤速效钾含量为 120~200 mg/kg。

贵州省 STP 试点烟区土壤养分含量见表 4-13。

表 4-13　贵州省 STP 试点烟区土壤养分含量

试点烟区	养分均值				
	pH	有机质/ (g · kg⁻¹)	全氮/ (g · kg⁻¹)	速效磷/ (mg · kg⁻¹)	速效钾/ (mg · kg⁻¹)
黔西南布依族苗族自治州	6.36	36.90	2.07	16.08	151.90
遵义市	6.27	30.79	1.80	19.12	131.41
全省[包括9个市(州)]	6.15	35.52	1.97	16.95	139.65

(一)土壤保育

1. 以种烟为主的轮作制度

试点烟区实行"烟草—玉米—豆类或麦类—绿肥—烟草"三年四熟两头种烟的轮作方式,通过轮作稳定和改善烟区土壤结构、养分状况和理化性质,实现烟田土壤的永续利用。

2. 保护性耕作

烟田起垄前采用深耕晒垡、旋耕碎垡的耕作方式,深耕疏松土壤,破除紧实的犁底层,提高土体厚度,增厚活土层,促进土壤团粒结构形成,改善土壤的通透性,调节土壤水、肥等状况,营造利于根系生长的环境条件。深耕深度为 30~40 cm,土壤耕层较薄的植烟土壤,采取逐年深耕的方式加厚土壤耕层,每年递增 4~5 cm,保证烟田活土层达到 30 cm 以上。

3. 土壤改良

若土地整治或深耕后烟田土壤黏重,可在烟田土壤中掺入砂质土增强土壤耕性,提高土壤的保水能力、保肥能力。若烟田土壤砂性较大,可采用增加黏重壤土、腐殖土或塘泥土等方式改善土壤结构性能。

4. 增施有机肥

烟田土壤施肥坚持有机肥、无机肥配合施用原则,避免长期施用化肥造成土壤板结及养分失衡。

土壤有机质含量在2%以下的田块,每667 m² 施用30 kg 饼肥或1000 kg 有机肥;土壤有机质含量在2% ~ 3%之间的田块,每667 m² 施用20 ~ 30 kg 饼肥或500 ~ 1000 kg 有机肥;土壤有机质含量在3%以上(含3%)的田块,每667 m² 施用20 kg 饼肥或500 kg 集中沤制的有机肥。施用方法:饼肥以1/2 施用量作基肥,1/2作追肥;有机肥全部作基肥施用。

5. 秸秆还田

土壤有机质含量小于1.5%的田块,可采用玉米秸秆还田方式增加土壤有机质含量。玉米收获后,用本田块玉米秸秆直接还田,将玉米秸秆切成1 ~ 2 cm 的小段均匀撒在田间,然后机耕翻压覆盖,秸秆施用数量控制在每667 m² 500 ~ 700 kg。新鲜秸秆在土壤中腐解时会产生各种有机酸,对根系生长和养分吸收会产生不良影响,因此在秸秆直接还田时须施入适量石灰以中和秸秆分解产生的有机酸,石灰施用量为每667 m² 30 ~ 40 kg。

6. 秸秆覆盖

采用稻草秸秆地表覆盖方式进行秸秆覆盖。烟苗移栽4 ~ 7 d 后待烟苗还苗生长时,在施提苗水肥后立即进行覆盖,覆盖秸秆量约为每667 m² 750 kg,覆盖厚度为7 ~ 10 cm,以不见土表为宜。秸秆覆盖至烟叶采收结束后机耕深翻压还田。

7. 土壤 pH 调节

植烟土壤适宜的 pH 范围为5.5 ~ 7.5,当烟田土壤 pH 低于5.5 时须进行土壤 pH 调节,以提高烟株对养分的吸收和利用。可施用熟石灰调节土壤 pH,在烟田翻犁前撒施50%,起垄前再撒施50%。熟石灰的施用量根据土壤酸度决定,pH 在4.0以下的烟田每667 m² 施用熟石灰150 kg;pH 在4.0 ~ 5.0 的烟田每667 m² 施用熟石灰130 kg;pH 为5.0 ~ 5.5 的烟田每667 m² 施用熟石灰60 kg。熟石灰施用切忌过量,否则会影响烟株对钾、镁的吸收,而且会引起烟株缺硼,还会使土壤有机质矿化作用加强,土壤后期供氮能力提高,影响烟叶落黄成熟。

8.绿肥还田

冬季种植绿肥,直接翻压还田,可实现改良土壤、减少化肥的施用量、提升烟叶的品质等目的。烟叶收获后,约 10 月中旬和下旬时进行种子的撒播。翻压还田的时间主要依据烟草移栽时间来确定,茬口较为充裕、可满足油菜花开花结荚时间要求的产区,在油菜花结荚期带荚翻压;茬口不能满足油菜花开花结荚时间要求的产区,必须在烟田起垄前 15 d 翻压完毕,以保证绿肥翻压后充分矿化腐熟。

(二)土壤环境保护

烟田覆盖地膜可以起到提高土壤温度、保持土壤养分、提高养分利用率、减少病虫害、促进植株生长和发育的目的。地膜中含有的邻苯二甲酸酯类(PAES)可以起到增加塑料的柔韧性、可塑性和弹性的作用,当 PAES 在地膜中的添加量为 20% ~50%时,它在土壤中残留会导致严重的污染,当它逐渐释放到环境中,会增加使人类和动物畸形和致癌、致突变的概率。

我国生态环境部将邻苯二甲酸二甲酯(DMP)、邻苯二甲酸正二丁酯(DBP)、邻苯二甲酸正二辛酯(DnOP)列为 PAES 类重点污染物。美国国家环境保护局则将 DMP、邻苯二甲酸二乙酯(DEP)、DBP、邻苯二甲酸丁基苄基酯(BBP)、邻苯二甲酸二(2 - 乙基己基)酯(DEHP)、DnOP 列为优先污染物。

为了掌握地膜使用对土壤环境质量状况及烟苗的影响,贵州省选取遵义市连阡村和沙湾村两地的烟田土壤和烟叶,设置了 1 年、6 ~8 年、16 ~17 年、24 年 4 个地膜使用年限梯度进行实验分析。结果显示,在所有土壤和烟叶样品中污染物含量最高的是 DEHP。随着地膜使用年限的增加,土壤和烟叶中 PAES 含量显著增加,且在地膜使用的前 1　7 年增加更为明显,后期趋于平缓。土壤和烟叶中的 PAES 含量与覆膜年限呈显著正相关关系。具体情况见表 4 - 14。

表 4 – 14　土壤和烟叶中 PAES 含量及组成

采样地点	PAES	土壤				烟叶			
		最小值/(mg·kg⁻¹)	最大值/(mg·kg⁻¹)	平均值/(mg·kg⁻¹)	检出率/%	最小值/(mg·kg⁻¹)	最大值/(mg·kg⁻¹)	平均值/(mg·kg⁻¹)	检出率/%
连阡村 ($n=17$)	DMP	ND	0.150	0.068 ± 0.032	76.5	ND	0.150	0.080 ± 0.093	64.7
	DEP	0.059	0.100	0.081 ± 0.010	100.0	0.004	0.184	0.099 ± 0.032	100.0
	DBP	0.569	1.305	0.868 ± 0.190	100.0	0.578	1.24	0.917 ± 0.190	100.0
	BBP	0.009	0.082	0.040 ± 0.189	100.0	0.100	0.381	0.220 ± 0.083	100.0
	DEHP	1.129	2.689	1.785 ± 0.481	100.0	1.151	2.953	1.993 ± 0.470	100.0
	DnOP	ND	0.027	0.006 ± 0.007	52.94	ND	0.08	0.015 ± 0.021	58.8
	PAES	1.986	4.177	2.848 ± 0.623	100.0	2.412	4.662	3.324 ± 0.639	100.0
沙湾村 ($n=12$)	DMP	0.008	0.053	0.028 ± 0.015	100.0	0.004	0.177	0.041 ± 0.049	100.0
	DEP	0.07	0.214	0.102 ± 0.039	100.0	0.04	0.126	0.094 ± 0.021	100.0
	DBP	0.512	0.867	0.640 ± 0.115	100.0	0.75	1.18	0.985 ± 0.128	100.0
	BBP	0.020	0.115	0.052 ± 0.030	100.0	0.069	0.362	0.222 ± 0.095	100.0
	DEHP	1.281	2.087	1.558 ± 0.259	100.0	1.98	3.539	2.573 ± 0.458	100.0
	DnOP	ND	0.034	0.008 ± 0.008	94.1	ND	0.078	0.015 ± 0.021	94.1
	PAES	1.993	3.126	2.388 ± 0.381	100.0	3.119	4.884	3.930 ± 0.474	100.0
平均 ($n=29$)	DMP	ND	0.150	0.051 ± 0.033	86.2	ND	0.177	0.064 ± 0.078	79.3
	DEP	0.07	0.214	0.090 ± 0.028	100.0	0.004	0.184	0.097 ± 0.028	100.0
	DBP	0.512	1.305	0.771 ± 0.206	100.0	0.578	1.24	0.945 ± 0.168	100.0
	BBP	0.009	0.115	0.045 ± 0.024	100.0	0.069	0.381	0.221 ± 0.087	100.0
	DEHP	1.129	2.689	1.691 ± 0.428	100.0	1.151	3.539	2.233 ± 0.541	100.0
	DnOP	ND	0.027	0.007 ± 0.008	69.0	ND	0.08	0.015 ± 0.021	72.4
	PAES	1.986	4.177	2.657 ± 0.595	100.0	2.412	4.884	3.575 ± 0.643	100.0

注:ND 表示未检出,n 表示样本量。

三、大气保护

(一)减少温室气体的排放

目前,常规烤房都使用煤炭作为燃料烘烤烟叶,煤炭燃烧过程中产生的二氧化碳、二氧化硫等气体释放到环境中,会对环境造成严重的危害。随着煤炭资源的日益紧缺及人们对环境污染的日益关注,烤房煤炭燃料效率的提高及替代问题已经迫在眉睫。

(二)提高烤房效率

提高烤房效率的措施:增加高效燃炉和烟囱数量;湿球温度计的使用,可以自动或手动控制烘烤过程中的相对湿度,避免燃料浪费;提高保温效率,可增加烤房内产生的热量、使用最节能的烤房结构和加热设备。

(三)生物质能烤房的应用

贵州省 STP 试点烟区以玉米秸秆、谷壳为主制成生物质成型燃料,将常规烤房的加料系统改进为自动加料的智能化系统,其他设施设备条件不变。成型燃料指的是运用生物质致密成型技术,即应用机械加压的方法,将各类原来分散、没有一定形状、密度低的生物质原料压制成具有一定形状、密度较高的各种固体成型燃料。与常规烤房相比,生物质能烤房有以下几个优点:

(1)稳温效果好,不易出现干球温度突升、突降的情况,且升温更加迅速。

(2)生产单位干烟的燃料消耗更少:生产 1 kg 干烟需要生物质燃料 1.65 kg,成本 1.29 元;需要煤炭 1.77 kg,成本 1.77 元(按照 2016 年市场价格)。

(3)提高上等烟比例,提高担均价:使用常规烤房烘烤,初烤后烟叶上等烟、中等烟及下等烟的比例分别为 63.54%、33.17%、3.29%;生物质能烤房初烤后的烟叶上等烟、中等烟及下等烟的比例则分别为 69.69%、28.88%、1.43%。

(4)排放的气体更少,更加环保。具体见表 4-15 和表 4-16。

(5)有效降低烘烤强度,能实现智能化控制,夜间可实现无人看管烘烤。

表 4-15　不同燃料的气体排放量

单位:kg/t

燃　　料	气体排放量		
	二氧化碳	二氧化硫	氮氧化物
煤　炭	2620.00	8.50	7.00
生物质燃料	791.30	0.53	1.29

表4-16　烘烤每1 kg干烟的消耗燃料量和气体排放量

烤房类型	消耗燃料量/kg	气体排放量/g		
		二氧化碳	二氧化硫	氮氧化物
常规烤房	1.77	4637.00	15.00	12.00
生物质能烤房	1.65	1305.00	0.87	2.12

四、废弃物管理

（一）危险性废弃物及非危险性废弃物的处理

危险性废弃物是指危害或可能危害人体健康或环境的废弃物。它可能是液体、固体或气体。烟区中的危险性废弃物主要包括剩余农药、油、燃料、油漆、废旧电池和其他危险物品。

对于不可以继续施用的农药，应按照类别收集后送到有资质的处理厂家进行处理。农业机械废弃机油可回收用于烤房的维护保养，废旧电池及其他废弃物也应该集中收集后送至有资质的单位进行处理。

非危险性废弃物是指除育苗盘、塑料制品之外的一些废弃物，主要包括纸制品、金属、废旧麻片、木材和植物材料等其他非危险性废弃物。

烟区尽量减少废弃物的产生量，尽可能重复利用直到达到最大的使用寿命为止。纸制品应集中收集后送至处理厂。对烤房的煤渣和烤坏的金属炉具应进行回收和处理，不能在烟田里掩埋和焚烧废弃物。烟草或其他农作物的植株残留物不应随意丢弃于田间地头，具体的操作可按照作物领域烟草残留物的处理方式来进行。要将危险性废弃物与非危险性废弃物进行隔离。

（二）地膜回收利用

随着我国地膜的使用年限和使用量不断增加，造成的白色污染已经成为发展绿色农业的一大阻碍。2015年，我国地膜用量超过260万t，全国地膜回收利用率不足2/3。废弃地膜被丢弃在田间地头，不仅会破坏土壤结构，还会影响作物出苗，阻碍根系生长，导致农作物减产。

当前较为常见的处理废弃地膜的措施:重复利用,对于质量较好的农膜可以实现重复利用;就地、集中掩埋,这种处理方式成本较低,但若处理不当就会造成二次污染;燃烧发电,回收再利用。

(三)废弃农药包装物处理

废弃农药包装物是农药施用过程中产生的废弃包装物,包括塑料、玻璃、金属、纸等材料制的瓶、罐、桶、袋等。若将废弃农药包装物直接丢弃在田间地头,会造成严重的面源污染,进入生物链则会对环境和人类健康造成潜在危害。废弃农药包装物在自然条件下难以降解,易给土壤形成阻隔,影响土壤的通透性,植物的根系也难以扩展生长。废弃农药包装物的回收处理是保护农业生态环境,减少农业安全隐患的重要措施之一。烟草公司对废弃农药包装物的处理有以下要求:

(1)杜绝再次使用农药包装箱、农药袋、农药瓶、一次性的施药器具。在配置农药时,用清水清洗 2~3 次空农药瓶和农药袋,清洗后的水加入喷雾器中。将洗干净的农药瓶或农药袋(扎破)装在密封的袋子中,禁止用来装物品。

(2)禁止将农药包装物随意丢弃、填埋或焚烧,必须交至政府规定地点或当地烟草公司指定场所。

(3)建立完善废弃农药包装物收集的流程,以便于烟农收集,并组织烟农回收到指定的地点。

(4)废弃农药包装物由烟叶站统一回收后,联系供应商回收,并将其转卖废品收购站或送至有处理资质的单位进行统一处理。

(四)育苗漂盘的处理

烟农从合作社领取烟苗时需要根据领取的育苗漂盘数目缴纳一定的押金,烟农取出烟苗后,将育苗漂盘归置整齐如数归还到合作社,合作社对归还的育苗漂盘进行验收,其中新盘损耗率不超过 5% ,第 2 年育苗漂盘损耗率不超过 15% ,第 3 年育苗漂盘损耗率不超 30% ,第 4 年育苗漂盘损坏率不超过 40% 。在出现损坏超额时,按进价进行租用金的扣除。合作社根据验收的合格结果将租用金退还给烟农,对回收后的漂盘进行清洗消毒。对不能再使用的漂盘进行集中堆放,统一运输至具有专业环保资格的垃圾处理厂进行无害化处理。

第四节 环境领域实施成效

一、贵州省STP试点2017年与2018年环境领域评估结果

与2017年相比,2018年环境领域废弃物管理、燃料的使用效率及温室气体减排得到明显提高;关键标准、污染控制继续保持良好;水资源管理、土壤管理、生物多样性评估分数降低。具体情况见表4-17。

表4-17 贵州省STP试点2017—2018年环境领域评估分数

年 份	原 则	关键标准	水资源管理	土壤管理	污染控制	废弃物管理	燃料的使用效率及温室气体减排	生物多样性	总 分
2017年	供应商自评	98分	52分	100分	77分	45分	20分	70分	62分
	英国AB Sustain公司评分	96分	100分	100分	78分	63分	20分	80分	73分
2018年	供应商自评	98分	0分	52分	77分	60分	55分	57分	70分

水资源管理评估分数降低的原因在于个别试点没有完善的水资源管理方案和水质检测报告。STP要求烟草公司制订水资源管理方案,帮助烟农计算生产烟草所消耗的水量,检测烟草灌溉水的水质,从而达到节约水资源的目的。建议各地根据STP内容及要求及时更新完善水资源管理方案,对当地烟草灌溉水的水质进行专业检测。

生物多样性评估分数降低的原因在于个别试点没有及时更新完善生物多样性保护方案,建议尽量参考当地生物多样性数据及资料。

除此之外需要改善的地方:评估燃料的使用效率及减少温室气体减排,需统计燃料使用率下降的烤房数,同时根据MVR的要求做好烟农烘烤记录,保留生物质燃料或煤的购买记录。在技术人员和烟农培训前后需对其进行考核。培训后考核不及格的要再次进行培训,直至其理解培训内容。每次培训和考核都需要做好相

关记录和总结,并妥善保存。

二、环境领域取得的成效

(一)烟农合同中加入环境领域的部分内容

2018 年,贵州省烟草种植收购合同中针对乙方的权利和义务加入了保护土壤、水资源等和及时回收处理生产废弃物的内容,更加清楚地向烟农明确了在烟草生产过程中应注意的主要环境问题。

(二)《STP 烟农应知应会手册》的发放全覆盖

2018 年,由中国烟草总公司贵州省公司烟叶管理处牵头,中国烟草贵州进出口有限公司同试点烟草公司共同制定并向烟农发放了《STP 烟农应知应会手册》,共计 1233 本,实现各试点烟农 100% 全覆盖。手册内容涵盖 STP 环境领域所有适用标准,通过书面的方式向试点烟农宣传了 STP 相关内容,加强了他们对 STP 的理解。

通过突击访问考核烟农是否阅读和了解手册内容,随机访问对象中有 75% 的烟农知晓并理解手册中的内容。

(三)生物质能烤房和 MVR 在贵州省实施效果显著

中国烟草总公司贵州省公司高度重视可持续能源烤房推广工作。2017—2019 年,贵州省新建和改建新能源烤房超过 1 万座,其中绝大部分为生物质能烤房。2020 年,贵州省计划再改建生物质能烤房 1 万座,生物质能烤房覆盖面积达到 2.67 万 hm^2;安龙县实现生物质能烤房全覆盖。

2019 年 8 月,遵义市播州区试点的 MVR 项目通过第三方评估机构的预评估。因受疫情影响,原计划于 2020 年上半年进行的正式评估将推迟至下半年 11 月。

(四)探索出农药包装物和废弃漂浮育苗盘回收和无害化处理新路子

2017 年,遵义市烟草公司播州区分公司组织农药包装物回收(见图 4－2),联系贵州省有危险化学品处理资质的单位——贵阳市城投环境资产投资管理有限公司将农药包装物运走并处理,第1次在贵州省探索出符合环保要求的农药包装物回收处理方式,为贵州省农药包装物回收和无害化处理的推广应用奠定了基础。

2019年,黔西南布依族苗族自治州烟草公司安龙县分公司回收全县废弃漂浮育苗盘,并将其运往州内垃圾发电厂处理,第1次在贵州省探索出符合环保要求的废弃漂浮育苗盘的回收处理方式,为贵州省废弃漂浮育苗盘回收和无害化处理的推广应用奠定了基础。

图4-2 遵义市烟草公司播州区分公司回收农药包装物

(五)植烟区域生物多样性保护系统建立

2017年,贵州省在STP试点开展了植烟区域生物多样性数据收集及生物多样性保护项目。2017年3月,遵义市烟草公司播州区分公司下发了《2017年播州区烤烟种植生物多样性调查及烤烟种植地块生物多样性保护实施方案》,方案统计了播州区植烟区域动物资源多样性现状数据、植物资源多样性现状数据、遗传育种多样性现状数据、生态系统多样性现状数据,分析了烟叶站区域内的水体情况、烟田生物种群动态与群落结构。最终提出植烟区域生物多样性保护措施,以减缓由于烤烟种植活动造成的生物资源不合理利用,确保不因烤烟种植活动而导致物种消失,维护烤烟种植烟田存活的生物群体、群落正常存活与繁衍。播州区植烟区域生物多样性保护系统具体内容见表4-18。

表 4-18　播州区植烟区域生物多样性保护系统

种植环节	工作措施	措施目的
烟田规划	不再将新开垦的烟田作为烟田规划	保护森林植被、森林动物的多样性
	不在规划保护性河流、水库附近种植烤烟	避免水体污染,保护水体及水体生物的多样性
整地起垄	做好开沟排水工作	避免水体污染,保护水体及水体生物的多样性
	整地起垄结束后,在烟田周围种植豆科植物	为烟田周围的生物提供栖息地
施　肥	增施有机肥	活化土壤结构,以利于土壤微生物群体、群落的存活
农药施用	严格按照烟草公司农药施用推荐清单	规范农药施用以保护生态环境
	禁止使用除草剂	维护田间生物群落的生存环境
烟叶烘烤	推广生物质能烘烤	减少有害气体的排放,维护生态环境
	推广绿色能源烘烤	
宣传培训	在烟田整理等重要生产环节加强对烟农的培训	使烟农理解保护生态环境的重要性并付诸行动

第五章
贵州省 STP 农艺部分人员领域实施成效

人员领域是整个 STP 实施过程中不可分割的一部分,以《国际劳工组织关于工作中基本原则和权利宣言》《中华人民共和国劳动法》《中华人民共和国未成年人保护法》等为基础,本领域的原则与标准必须以符合这些文件的方式来解释和执行。该领域包括 8 条、35 款,有二级标准 35 条、指标 120 项。

第一节 人员领域主要内容

一、关键标准

该标准涉及的内容贯穿整个人员领域,目的主要是反映整个人员领域的实施水平。该标准的核心就是对人员领域其他标准涉及的指标进行风险评估,以及对烟农进行相关培训。关键标准具体内容见表 5 - 1。

表 5 - 1 关键标准具体内容

款 目	标 准
风险评估	公司用风险评估方法识别和降低影响人员领域标准的任何明显风险
烟农培训计划	公司就 STP 人员领域中与烟农有关的标准和其进行了交流,并对其进行了培训
烤烟生产过程中监测	公司系统性地实地监测 STP 人员领域标准的有效实施情况

二、烟草生产过程中的童工

童工是指被雇用的未成年的工人。儿童年龄太小而从事不适应其年龄的工作,会在精神上、身体上、社会上或道德上对其造成伤害。因工作影响儿童上学也属于雇用童工。这种情况下,工作剥夺了儿童上学的机会,儿童过早离开学校或在上学的同时从事长时间的、繁重的工作。烟草生产过程中的童工的具体内容见表5-2。

表5-2　烟草生产过程中的童工的具体内容

款　目	标　准
烟草生产过程中雇用童工	不得招聘、雇用童工。非危险性工作的最低雇用年龄不能低于完成义务教育的年龄。在中国,雇用年龄不得低于16岁
曝光低于18岁的人员在烟草生产过程中所从事的危险工作	低于18岁的人员不得从事任何种类的危险工作
烟农自己的孩子	烟农自己的小孩,年龄在8~16岁之间或大于本国法律规定的做轻量家务的年龄,可做轻量家务

三、强迫劳动

对于生产主体雇用的工人而言,所有的劳动都是自愿的,生产主体不得有强迫劳动或贩卖人口的现象。强迫劳动具体内容见表5-3。

表5-3　强迫劳动具体内容

款　目	标　准
防止债券、债务和威胁	烤烟生产过程中,雇工不能在债券、债务和威胁下工作,他们能直接从雇主那里获得工资
自由离职	雇工在合理通知期限的情况下,可自由离职
押　金	烟农不能要求雇工因被雇用而交押金
克扣工资	烟农不得在法律规定或约定的支付条款外克扣雇工工资
扣押身份证原件和贵重物品	烟农不得扣押雇工的身份证原件和贵重物品
犯人或强制劳动人员	烟农不能雇用犯人或强制劳动人员

四、安全的工作环境

生产主体应提供一个安全的工作环境以防发生事故和伤害,并最大限度地降低健康风险。安全的工作环境具体内容见表 5 - 4。

表 5 - 4 安全的工作环境具体内容

款　目	标　准
安全环境、伤害和疾病	为烟农提供安全、卫生的工作环境,采取合理措施保护所有工作人员(包括雇工和/或烟农家庭成员)免受伤害,并在必要时给予适当照顾
GTS	所有工作人员(雇工和/或烟农家庭成员)在未接受过 GTS 相关知识培训前,都不允许进行打顶、采摘或装烟工作
农药的安全储存	农药需安全储存在上锁的危险品储存箱内(或单独上锁的房间),以防止未经授权取用
农药的处理和施用	工作人员(雇工和/或烟农家庭成员)在未接受相应培训且未穿戴必需的个人防护装备的情况下,不允许搬运或施用农药或其他有害物质(如化肥)。未满 18 岁的人员、孕妇及哺乳期女性,不得操作或施用农药
施药后可再次进入烟田的时间	工作人员(包括雇工和/或烟农家庭成员)均不得进入施用农药而安全进入日期未到的烟田
休息、清洁的饮用水和洗涤用水	工作人员(包括雇工和/或烟农家庭成员)有规律休息的权利,并在其工作和生活地点附近随时都能获取清洁的饮用水和洗涤用水
为雇工提供的住宿	如给雇工提供住宿,所提供的宿舍应干净、安全,能满足雇工的基本需要且符合国家法律规定

五、公平待遇

生产主体应公平对待雇工。公平待遇具体内容见表 5 - 5。

表 5 - 5　公平待遇具体内容

款　目	标　准
身体虐待和恐吓	不能对雇工及其家庭成员进行任何身体虐待、身体虐待的威胁或以身体接触来伤害和恐吓他们
性虐待和性骚扰	不能对雇工及其家庭成员进行性虐待和性骚扰
语言侮辱和骚扰	不能对雇工及其家庭成员进行语言侮辱和骚扰
歧　视	不得歧视雇工
保障机制	雇工可以通过公平、透明、匿名和有效的保障机制进行投诉

六、结社自由

生产主体应认可并尊重雇工结社自由及集体谈判的权利,不得有报复、恐吓和骚扰行为。结社自由具体内容见表 5 - 6。

表 5 - 6　结社自由具体内容

款　目	标　准
雇工结社自由的权利	在国家法律规定范围内,烟农不得干涉雇工结社自由的权利
报酬谈判	雇工有可以自由参与或推荐代表进行报酬商谈的权利
雇工代表	保证雇工代表不受歧视,能够在工作场所履行其代表职能

七、雇工的收入、工时和利益

生产主体定的雇工的工资标准必须能满足雇工的基本生活需求,并且要达到国家法律规定的最低工资标准,不允许让雇工过度工作或非法占用雇工时间。雇工的收入、工时和利益具体内容见表 5 - 7。

表 5 - 7　雇工的收入、工时和利益具体内容

款　目	标　准
工作时间	雇工工时遵循当地法律规定。除加班时间外,正常工作时间每周不超过 44 h

续表

款　目	标　准
工　资	雇工(包括临时工、计件工、季节工和随季节迁移工)工资必须达到当地法律规定最低工资标准或农业劳动收入基础标准
按时支付报酬	按时支付雇工报酬,支付时间要符合国家法律规定
福利、假期和休假	雇工享有国家相关法律规定的福利、假期和休假的权利
加　班	加班须是自愿的,并且应该按照国家法律规定或报酬谈判结果支付雇工加班工资

八、遵守法律

对于有雇工的生产主体,应遵守其所在国家关于雇工的所有法律。遵守法律具体内容见表 5-8。

表 5-8　遵守法律具体内容

款　目	标　准
雇工的合法权利	在开始工作时告知所有雇工有关他们的合法权利等
雇工书面合同和雇工信息	国家法律有要求时,烟农和雇工要签订书面合同,雇工保存一份
雇用条款和条件	雇佣合同中的条款和条件不能与国家法律相抵触

第二节　人员领域工作现状

一、人员领域的发展历程

国际烟草公司多年来致力于逐步消除雇用童工及其他虐待劳工的现象,并致力于在所有采购烟叶的产地满足安全、公平的工作条件。

从 20 世纪 90 年代中期开始,媒体日益增加了有关烟草生产主体损害雇工权益的负面报道,主要内容包括雇工工资低于法定标准、超时工作、雇用童工、不安全的工作环境、雇工没有法定的福利、雇工受到歧视、受到虐待或受到性骚扰等。

2015 年 9 月,联合国各成员国共同通过了致力于打造更美好未来的计划,指明了未来 15 年的发展方向,其中重点有消除贫困和饥饿、全面推进社会进步、维护公平正义、加强生态文明建设等。《变革我们的世界:2030 年可持续发展议程》的核心是 17 个可持续发展目标和 169 项相关指标,以应对当前最严峻的经济、社会、环境和管理挑战。

所有公司都可以为实现宏伟的可持续发展目标添砖加瓦。联合国全球契约组织要求各公司首先以负责任的方式开展经营活动,继而通过业务创新与合作发现机遇,以解决社会挑战,这两者对于可持续发展目标的贡献都不可小觑。值得欣喜的是,通过联合国全球契约组织,许多公司已响应了号召,有来自 160 余个国家的8000 多家公司参与,几乎遍布各行各业,规模各异,分属发达国家和发展中国家。随着商业活动、投资和供应链深入世界的每一个角落,各公司正逐渐意识到唯有社会、经济稳定他们才能取得成功,因此他们更加积极地承担长期的社会责任。

联合国全球契约组织已推出一系列倡议,鼓励个人和公司采取行动,应对可持续发展挑战。在反腐败、儿童权利、气候、粮食和农业、性别平等、和平、法制及水资源和公共卫生等问题的解决中,各公司正做出重要的贡献。这些倡议动员各地区的公司在全球范围内统一框架和原则,并在当地采取行动、兑现承诺,以提升可持续发展目标的影响力,可谓潜力巨大。

联合国全球契约十项原则

人权方面:企业应该尊重和维护国际公认的各项人权;绝不参与任何漠视与践踏人权的行为。

劳工标准:企业应该维护结社自由,承认劳资集体谈判的权利;彻底消除各种形式的强制性劳动;消除童工;杜绝任何在用工与行业方面的歧视行为。

环境方面:企业应对环境挑战未雨绸缪;主动增加对环保所承担的责任;鼓励无害环境技术的发展与推广。

反贪污:企业应反对各种形式的贪污,包括敲诈、勒索和行贿受贿。

二、贵州省烟草行业从业人员的发展

随着烟草种植主体的逐年减少和户均种植规模的扩大,烟草种植形式从过去小规模的传统种植户向种植大户、职业化烟农,以及向公司化种植模式转变,在烟草种植过程中对雇工需求的增加成为必然。因此,保障雇工的权益和安全是种植主体和烟草行业必须重视的问题。为了迎合全球和我国烟草市场的变化,以及相关劳工权益的保障要求,贵州省各烟草公司积极响应 GAP 要求,为烟草行业从业人员提供安全保障和探索行业未来发展的条件。

(一)中国 GAP 标准对人员领域部分的要求

(1)《良好农业规范　第 1 部分:术语》(GB/T 20014.1—2005)。

(2)《良好农业规范　第 2 部分:农场基础控制点与符合性规范》(GB/T 20014.2—2013)。

(3)《良好农业规范　第 3 部分:作物基础控制点与符合性规范》(GB/T 20014.3—2013)。

(4)《良好农业规范　第 26 部分:烟叶控制点与符合性规范》(GB/T 20014.26—2013)。

(二)贵州省烟草企业对烟草行业从业人员的保护

随着烟草生产种植的规模扩大,如何规范保障雇工相关权益也将成为烟草生产中规避各种潜在风险的重要工作。童工及用工规范同样是 GAP 重点关注的内容,其目标是消除在烟草生产链中涉及的劳动力虐待。

烟草行业从业人员包括烟农、合作社专业化服务人员、烟草生产技术人员和烟叶收购人员等。保障好从业人员的生命安全和健康、权益,对调动从业人员的积极性和创造性,促进劳动生产率的提高,推动社会和谐和可持续发展具有十分重要的现实意义。就烟草生产来说,只有保证了劳动力的持续发展,烟草生产才能够真正做到可持续发展。

1.教育培训

针对烟草生产的各个环节和存在安全风险的场所,编印相应的安全知识手册,对所有员工进行有关如何避免危害和保护自身安全等方面的教育,如育苗场所、烤房内带电设备等的使用方法、农机具操作的安全注意事项等。

(1)各基地单元每年制订年度培训计划和实施方案:合理安排培训日期、培训对象、培训内容、培训师资、培训方式及考核办法等,并做好培训记录。

(2)培训对象:烟草生产相关人员,包括烟草生产技术人员、合作社全体成员及各专业化服务队队员等。

(3)培训内容:基地单元 GAP 操作手册、各类事故和突发事件的处理规程、危险警示牌的识别及烟草公司其他相关规定、奖惩制度等。

(4)培训方式:可采用讲座、现场会等多种培训方式,不拘形式,重点在于达到培训效果,各种培训要有培训记录,作为人员培训档案留存。

(5)培训考核:按照培训计划对各级受训人员进行定期考核,考核方式包括考试、写体会等,并建立适当的激励机制。

2.防护设施

在进行喷洒农药、使用带电设备等危险操作时,要配备足够的个人安全保护装置,供其进行个人防护使用。

(1)专业化植物保护人员或种植主体在进行施肥或用药操作时,应穿防护服,佩戴手套和口罩,严格按照施用要求进行操作。

(2)农药储存地点 10 m 范围内应有眼睛清洗设施,有洁净的水源、急救箱及清晰的事故处理程序,其中包括应急联系电话、常见事故的基本处理步骤展板和文档。

(3)应为应用或接触农用化学品的人员提供淋浴室和更衣室,应有分离的区域方便人员清洗个人保护设备和应用设备,并与日常生活区分开设置。

(4)在农药储存、施用等有潜在危害的场所,应设立清晰易懂的危险警示牌,在附近可见地点张贴各类事故和突发事件的处理规程。

(5)在刚施完农药的田间应安装警示牌以表示刚施完农药,并明确标注可再次进入的日期。

(6)带电设备等应悬挂警示标志及简要操作注意事项,并定期组织检修以消除安全隐患。

(7)人员工资、福利待遇标准应依照《中华人民共和国劳动合同法》合理制定,做到制度明确、按时发放。对于季节工、临时工等应按当地劳动部门的相关规定按时足额发放劳务费。

(8)育苗场所、烘烤场所、分级场所、收购场所、基地单元办公区域、生活区等有易燃物品的地方应配套安全消防设施。

3.服务管理

(1)烟草公司在与烟农签订合同时,要让烟农明确承诺保障其子女接受九年义务教育的权利和未成年人、孕妇等不得从事接触有毒有害化学品的工作。

(2)要督促烟农及合作社不得雇用16周岁及以下的童工。如果雇用16~18周岁的未成年人,应详细登记其信息,至少包括姓名、生日、父母或法定监护人的姓名、永久居住地、工作种类、指定工作的小时数、得到的薪资,并有专人负责督导未成年人安全工作。

(3)配备烟草生产技术人员,指导烟草生产主体全面按照GAP要求组织优质烟叶生产。

(4)引导烟草从业人员养成良好生活习惯以保持身体健康,改掉在岗位上吸烟等不良习惯,增强人员的劳动保护意识,做好健康监控。

(三)贵州省烟用农药管理

烟用农药通常是指用来保护烟叶产品免受昆虫、植物病原菌、鼠类、线虫及杂草等的危害的各种无机化合物和有机化合物及生物制剂。烟用农药的管理包括采购、供应、储存、施用和废弃物的回收等。

1.烟用农药采购和供应流程管理

(1)烟用农药的计划上报。基地单元应根据当地主要病虫害发生情况提出农药需求计划,并向县级分公司上报,县级分公司审核后上报市级公司。

(2)烟用农药的招标采购。为保障烟草生产安全、烟叶产品质量安全、烟草生产GAP应用与实践、生态环境安全,由市级公司统一组织招标采购在烟草上登记施用的农药,推荐施用高效、低毒、低残留类的新农药,鼓励施用生物农药或仿生物农药,严禁施用高危险性农药。

(3)烟用农药的组织供应。为保证烟用农药的规范供应,统一由各市级公司根据中国烟草总公司贵州省公司招标采购的中标通知书与各供应商签订供货合同,按审核通过的需求计划在病虫害发生前1个月供应到县级分公司,县级分公司登记入库后再根据实际需要及时配送到各基地单元烟叶站。

（4）各基地单元烟叶站根据田间主要病虫害发生情况，结合病虫害预测预报资料和中短期气象预报，决定防治区域、防治对象、防治时间和防治方法，在实施防治的当天将所需农药配送到植物保护专业服务队，指导植物保护专业服务队队员开展防治工作。

（5）植物保护专业服务队不得自行从市场上采购用于烟草生产的农药，严禁施用烟草生产中禁止施用的农药。

2. 烟用农药的储存管理

（1）植物保护专业服务队所用农药应统一储存在合作社的农药专用仓库，并与生活区分开。

（2）农药仓库应配置醒目的警戒标志及其他安全设施设备。

（3）农药仓库应通风，保持阴凉、干燥，远离火源或热源。

（4）农药仓库要根据农药的类型、性能等特征，实行分区管理、分类储存，做到堆码规范、清洁整齐。

（5）配备农药仓库防护用品及工作服存放间。

（6）农药仓库要建立农药进出库管理制度，完善管理台账，定期盘存，确保账物相符。

（7）农药储存地点 10 m 范围内应有洁净的水源、急救箱及清晰的事故处理程序，包括应急联系电话、常见事故的基本处理步骤。

3. 专业化植物保护服务

植物保护专业服务队在施用农药的过程中，应当遵守国家有关农药安全、合理施用的规定，按照规定的用药量、用药次数、用药方法和安全间隔期施药。

（1）农药领取。每次施用农药前，由植物保护专业服务队队长亲自到合作社农药存放仓库，根据农药施用通知单领取当天需要施用的农药，然后统一配送到施药地点。

（2）施用准备。农药喷洒前，植物保护专业服务队队长应检查每个队员是否按要求穿防农药穿透的外衣、戴防护眼镜、防尘口罩、长手套，穿深筒鞋等，以及是否持有上岗证，以确保防护到位和持证上岗，并询问每个队员的身体状况，以防带病施药而出现意外。

（3）警示区设置。在农药的配制区和施用区域，从开始配制农药至农药有效间隔期止，需设立醒目的"禁止进入"警示标志，在经常有人、畜通过的区域要设置防护设施防止人、畜进入,或派专人守护,以免发生中毒事件。

(4)药剂配制。在设置好警示标志后,配送人员才将农药交由专职药剂配制员按说明书推荐剂量配制。孕妇、经期和哺乳期妇女不能参与配药,更不能施药。

(5)包装物处理。药剂配制好后,药剂配制员需将包装物集中收集,存放于回收箱(筐)内。

4.农药施用防护

(1)施药过程中必须穿戴防护服、口罩、手套等必要的防护装备,严格按照农药的施用要求进行操作。

(2)施药前需做好施药器械的维护和保养,防止出现结合部位漏药和反向喷射等现象。

(3)施药人员须采用顺风施药或单侧喷施方法施药,并保持正常步速,不得穿梭于已喷过药的区域。

(4)施药人员在施药期间严禁吃东西和抽烟,不能用手去擦嘴、脸和眼睛。

(5)喷头发生堵塞后,需用清水反复冲洗取出堵塞物,或用牙签、铁丝等疏通。

(6)严禁在大风天气或气温高于 30 ℃的中午施药,每天施药时间不能超过6 h。

(7)施药结束后,应将施药器械和防护服集中放到指定地点,由专职人员用清水清洗,晾干并存放于指定位置。施药人员应及时用肥皂或沐浴液洗澡,搞好个人清洁卫生。严禁在河流、小溪或井边等生活水源地清洗施药器械和防护服。

(8)施药过程中施药人员如出现头晕、头痛、呕吐、胸闷、气急等症状,应及时脱离施药现场,采取急救措施,并立即送到医院检查治疗。

(9)在塑料大棚内施用农药,间隔期到后不能立即进入棚内作业,必须通风换气 30 min 后才可进入棚内作业。

5.烟用农药废弃物管理

(1)废弃药液管理:剩余药液及清洗施药器械、防护服的清洗液,应由药剂配制员统一回收到远离水源和生活区的荒坡处置,严禁倒入生活排污系统或农田、池塘等区域,防止农药污染环境,引起人、畜、鱼等中毒。

(2)废弃包装物管理:植物保护专业服务队队长将农药施用后产生的废弃包装物交回合作社农药仓库,与发放数量核对无误后才能凭废弃包装物回收单领取服务报酬。

（四）实施绿色防控,减少种植主体与农药的接触

在烟草生产中积极推行绿色防控,不仅可有效控制烟草病虫害的发生,从而减少化学农药的施用,保证原料安全性更好、产品质量更优,同时还可减少从业人员与农药的接触,进一步对人类健康安全做出贡献。

1. 高危险性农药

2013 年,联合国粮食及农业组织和世界卫生组织在修订的《国际农药管理行为守则》中提出了高危险性农药的概念。高危险性农药是指被认为对健康或环境具有特别高的急性或慢性危害的农药,或是根据国际公认的分类系统,如《全球化学品统一分类和标签制度》,或是有约束力的国际协定或公约在相关清单中列出的农药。

联合国粮食及农业组织与世界卫生组织鼓励各国际组织及各国政府自己界定高危险性农药,并采取措施不断消除高危险性农药。迄今为止,国际上多家国际组织已经向全球可持续发展标准化城市联盟承诺解决高危险性农药问题,其中包括国际蔗糖产销链可持续性发展认证组织、雨林联盟等国际组织。

2020 年 1 月,国际烟草科学研究合作中心代表全球烟草行业发布了《烟叶生产中高危险性农药的鉴别与消除》,规定了鉴定高危险性农药的 8 个标准,任何农药满足以下 8 项标准中一项或多项的都属于高危险性农药。

标准 1:符合世界卫生组织推荐的按毒理性分类的农药毒理性 1 级(Ia 类或 Ib 类)标准的农药制剂。

急性毒性:如果半致死剂量小于 5 mg/kg(体重)(口服),则该农药被归为毒理性 Ia 类;如果半致死剂量在 5 ~ 50 mg/kg(体重)(口服)范围内,则被归为毒理性 Ib 类。具体见表 5 – 9。

标准 2:农药有效成分或剂型符合《全球化学品统一分类和标签制度》第 1A 类或第 1B 类致癌性标准。

慢性毒性:致癌性类别 1 – IA 和 1 – IB,危险程度为可能造成癌症。

标准 3:农药有效成分或剂型符合《全球化学品统一分类和标签制度》第 1A 类或第 1B 类致突变性标准。

慢性毒性:致突变性类别 1 – IA 和 1 – IB,危险程度为可能造成遗传缺陷。

表 5 – 9   世界卫生组织定义的毒理性 Ia 类和毒理性 Ib 类农药清单

毒理性 Ia 类	毒理性 Ib 类	
Aldicarb 涕灭威	Abamectin 阿维菌素	Fluoroacetamide 氟乙酰胺
Brodifacoum 溴鼠灵	Acrolein 丙烯醛	Formetanate 伐虫脒
Bromadiolone 溴敌隆	Allyl alcohol 烯丙醇	Furathiocarb 呋线威
Bromethalin 溴鼠胺	Azinphos – ethyl 益棉磷	Heptenophos 庚烯磷
Calcium cyanide 氰化钙	Azinphos – methyl 保棉磷	Isoxathion 恶唑磷
Captafol 敌菌丹	Benzovindiflupyr 苯并烯氟菌唑	Lead arsenate 砷酸铅
Chlorethoxyfos 氯氧磷	Blasticidin S 灭瘟素	Mecarbam 灭蚜蜱
Chlormephos 氯甲磷	Bromophos – ethyl 乙基溴硫磷	Mercuric oxide 氧化汞
Chlorophacinone 氯鼠酮	Butocarboxim 丁酮威	Methamidophos 甲胺磷
Difenacoum 联苯杀鼠萘	Butoxycarboxim 丁酮砜威	Methidathion 杀扑磷
Difethialone 噻鼠灵	Cadusafos 硫线磷	Methiocarb 灭虫威
Diphacinone 敌鼠	Calcium arsenate 砷酸钙	Methomyl 灭多威
Disulfoton 乙拌磷	Carbofuran 克百威	Monocrotophos 久效磷
EPN 苯硫磷	Chlorfenvinphos 毒虫畏	Nicotine 尼古丁
Ethoprophos 灭线磷	3 – Chloro – 1,2 – propanediol 3 – 氯 – 1,2 – 丙二醇	Omethoate 氧乐果
Flocoumafen 氟鼠灵	Coumaphos 蝇毒磷	Oxydemeton – methyl 砜吸磷
Hexachlorobenzene 六氯苯	Coumatetralyl 杀鼠迷	Paris green 巴黎绿
Mercuric chloride 氯化高汞	Cyfluthrin 氟氯氰菊酯	Pentachlorophenol 五氯酚
Mevinphos 速灭磷	Beta – cyfluthrin 高效氟氯氰菊酯	Propetamphos 胺丙畏
Oxamyl 杀线威	Zeta – cypermethrin Zeta – 氯氰菊酯	Sodium arsenite 亚砷酸钠
Parathion 巴拉松	Demeton – S – methyl 甲基内吸磷	Sodium cyanide 氰化钠
Parathion – methyl 甲基对硫磷	Dichlorvos 敌敌畏	Strychnine 士的宁
Phenylmercury acetate 乙酸苯汞	Dicrotophos 百治磷	Tefluthrin 七氟苯菊酯
Phorate 甲拌磷	Dinoterb 特乐酚	Thallium sulfate 硫酸铊
Phosphamidon 磷胺	DNOC 二硝基邻甲酚	Thiofanox 肟吸威
Sodium fluoroacetate 氟乙酸钠	Edifenphos 克瘟散	Thiometon 甲基乙拌磷
Sulfotep 治螟磷	Ethiofencarb 乙硫苯威	Triazophos 三唑磷
Tebupirimfos 丁嘧硫磷	Famphur 伐灭磷	Vamidothion 蚜灭多
Terbufos 托福松	Fenamiphos 克线磷	Warfarin 华法林
	Flucythrinate 氟氰戊菊酯	Zinc phosphide 磷化锌

标准 4:农药有效成分或剂型符合《全球化学品统一分类和标签制度》第 1A 类或第 1B 类生殖毒性标准。

慢性毒性:生殖毒性类别 1 – IA 和 1 – IB,危险程度为可能会损害生育能力或胎儿健康。

标准5:《关于持久性有机污染物的斯德哥尔摩公约》附件 A 或附件 B 所列的农药有效成分,以及符合《关于持久性有机污染物的斯德哥尔摩公约》第 1 条款所有标准的有效成分。(持久性有机污染物是以碳为基础的化学物质。)

标准6:《关于在国际贸易中对某些危险化学品和农药采用事先知情同意程序的鹿特丹公约》附件 3 所列农药有效成分或剂型。

确保从一个国家出口到另一个国家的危险化学品的包装和标签充分保护人类健康和环境。

标准7:《蒙特利尔破坏臭氧层物质管制议定书》所列农药。

《蒙特利尔破坏臭氧层物质管制议定书》涉及消耗臭氧层的物质,如储存熏蒸剂甲基溴。

标准8:对人类健康或环境具有严重或不可逆影响的农药有效成分或剂型。

通过自己评判,并有相应的评判依据和论证过程。

标准 1、标准 5、标准 6 和标准 7 为世界卫生组织、联合国粮食及农业组织、相关国际公约、议定书中明确列出的农药;标准 2、标准 3 和标准 4 对农药的认定没有那么明确;标准 8 对农药的识别更为复杂,因为这取决于各国的实际情况。

菲利普·莫里斯国际公司对高危险性农药的鉴别与要求:从 2018 烟季开始,所生产的烟叶中不得检测出世界卫生组织界定的毒理性 1 级农药。从 2020 烟季开始,所生产的烟叶中不得检测出菲利普·莫里斯国际公司高危险性农药(2019年更新的 47 种农药,见表 5 – 10)。

日本烟草国际公司对高危险性农药的鉴别与要求:日本烟草国际公司 2018 年提出,到 2021 年,所生产的烟叶中不得检测出世界卫生组织界定的毒理性 1 级农药。日本烟草国际公司在其关于高危险性农药的要求中专门提及:尤其要重点关注毒理性 1 级农药中的菊酯类杀虫剂及杀线虫剂,例如氟氯氰菊酯、Zeta – 氯氰菊酯、克线磷、杀线威等。

烟草可持续发展体系构建与推广应用

表 5 - 10　菲利普·莫里斯国际公司高危险性农药清单

有效成分	农药种类	有效成分	农药种类
2,4,5 - T 2,4,5 - 涕	Herbicide 除草剂	HCB 六氯苯	Fungicide 杀菌剂
Alachlor 甲草胺	Herbicide 除草剂	HCH 六氯环己烷	Insecticide 杀虫剂
Aldicarb 涕灭威	Insecticide 杀虫剂	Heptachlor 七氯	Insecticide 杀虫剂
Aldrin 艾氏剂	Insecticide 杀虫剂	Lindane 林丹	Insecticide 杀虫剂
Azinphos - ethyl 乙基谷硫磷	Insecticide 杀虫剂	Linuron 利谷隆	Herbicide 除草剂
Azinphos - methyl 谷硫磷	Insecticide 杀虫剂	Methamidophos 甲胺磷	Insecticide 杀虫剂
Camphechlor 毒杀芬	Insecticide 杀虫剂	Methidathion 杀扑磷	Insecticide 杀虫剂
Captan 克菌丹	Fungicide 杀菌剂	Methiocarb 灭虫威	Insecticide 杀虫剂
Carbendazim 多菌灵	Fungicide 杀菌剂	Methomyl 灭多威	Insecticide 杀虫剂
Carbofuran 克百威	Insecticide 杀虫剂	Mevinphos 速灭磷	Insecticide 杀虫剂
Chlordane 氯丹	Insecticide 杀虫剂	Mirex 灭蚁灵	Insecticide 杀虫剂
Chlordimeform 杀虫脒	Insecticide 杀虫剂	Monocrotophos 久效磷	Insecticide 杀虫剂
Chlorfenvinphos 毒虫畏	Insecticide 杀虫剂	Nitrofen 除草醚	Herbicide 除草剂
Chlorobenzilate 乙酯杀螨醇	Insecticide 杀虫剂	Oxamyl 杀线威	Insecticide 杀虫剂
Cyfluthrin 氟氯氰菊酯	Insecticide 杀虫剂	Parathion 对硫磷	Insecticide 杀虫剂
DDT 双对氯苯基三氯乙烷	Insecticide 杀虫剂	Parathion - methyl 甲基对硫磷	Insecticide 杀虫剂
Demeton - S - methyl 甲基内吸磷	Insecticide 杀虫剂	Pentachloroanisole 五氯苯甲醚	Fungicide 杀菌剂
Dichlorvos 敌敌畏	Insecticide 杀虫剂	Pentachlorophenol 五氯苯酚	Herbicide 除草剂
Disulfoton 乙拌磷	Insecticide 杀虫剂	Phorate 甲拌磷	Insecticide 杀虫剂
Endosulfan 硫丹	Insecticide 杀虫剂	Phosphamidon 磷胺	Insecticide 杀虫剂
Endrin 异狄氏剂	Insecticide 杀虫剂	Propoxur 残杀威	Insecticide 杀虫剂
Ethiofencarb 杀虫单	Insecticide 杀虫剂	Tefluthrin 七氟菊酯	Insecticide 杀虫剂
Ethoprophos 灭线磷	Insecticide 杀虫剂	Terbufos 特丁磷	Insecticide 杀虫剂
Fenamiphos 克线磷	Insecticide 杀虫剂		

2.人体接触农药的风险

人体接触包括直接接触和饮食接触。直接接触包括因职业导致的接触(操作

150

者和保管者),以及旁人和区域接触。直接接触可以由口腔、皮肤吸入,或由混合农药、施用农药、喷雾转移、重新进入施药区、接触处理过的作物或被污染的设备和材料引起。参考《农药施用人员健康风险评估指南》(NY/T 3153—2017)和《卫生杀虫剂健康风险评估指南》(NY/Y 3154—2017),影响施用人员暴露的主要因素有:剂型、施用方法和器械、作物特征、环境条件、用药量、劳动效率、个人防护情况和操作习惯等。

饮食接触包括接触受污染的食物或水。农药在牲畜和家禽体内存积后经人类饮食进入人体,尤其是涉及经过处理的农产品消费,可能需要考虑多次暴露的累积效应或协同效应。

对于某些身体较弱的群体,接触的风险相对更高。例如孕妇或哺乳期妇女、儿童、营养不良者等,潜在的健康风险可能会使接触影响更为严重。

增加接触风险的行为:

(1)无法获得适当的个人防护装备。

(2)安全储存农药的能力有限。

(3)维护、安全清洁和存储施用设备的能力有限。

(4)对农药的施用和相应风险缺乏了解。

(5)不遵守规定的安全间隔期。

(6)喷雾转移。

(7)缺乏对过期库存、剩余产品、施药设施或空容器的处置。

(8)施用廉价和不合格的农药。

3. 案例(多菌灵)

基于世界卫生组织建议的农药危险分类和《全球化学品统一分类和标签制度》,英国 AB Sustain 公司对多菌灵的风险进行了综合评价(见表 5 - 11)。

表 5 - 11　多菌灵风险等级综合评价

有效成分	风险总结	世界卫生组织评定毒理性等级	高危险性农药清单毒理性等级	高危险性农药清单致癌性等级	高危险性农药清单致突变性等级	高危险性农药清单(次生毒性/生殖性毒性)等级
多菌灵	高危险性农药	U	U		1A/1B	1A/1B

4. 贵州省绿色防控的实施

贵州省贯彻落实绿色发展理念,聚焦"三虫三病"主要靶标,坚持"以农业防治为基础、生物防治为主体、物理防治为辅助、化学防治为补充"的综合防治策略,以"化学农药减量、病虫损失降低、烟叶品质优良和烟区生态安全"为目标,以病虫害预测预报网建设和高标准示范区建设为重点,深化关键技术研究,配套设施设备,优化组织模式,强化政策保障,完善绿色防控技术体系与组织运行体系,打造绿色防控基地建设典范,引领烟区绿色生产,助力生态文明建设和降低烟草种植主体接触有毒物质风险,保护烟草种植主体的人身健康。

近年来,贵州省以专业化植物保护服务为抓手,在全面实施绿色防控方面成效较为显著。实现烟草害虫防治由原来单一的化学农药防治向应用烟蚜茧蜂、蠋蝽、食蚜瘿蚊等多种天敌昆虫和性诱剂、杀虫灯、色板的立体防控转变;病害防治由传统的发病后才使用化学农药防治向在发病前用波尔多液提前进行预防,发病后应用生物菌剂、仿生物农药替代化学药剂进行综合治理转变。以上措施对减少化学农药用量、保护烟区生态环境、提高烟叶品质和安全性起到了有力的推动作用。

中国烟草总公司贵州省公司遵循国家禁止生产和施用的农药清单,同时根据国际烟草采购商对出口烟叶品质安全的要求,从 2012 年开始,对容易造成烟叶残留、影响人体健康的多菌灵、甲基硫菌灵、三唑醇、三唑酮、二甲戊灵及含有二甲戊灵成分的农药等禁止进行采购和施用。2019 年开始,全面禁止使用含有二甲戊灵成分的抑芽剂。

(五)烟农保障

1. 烟草种植保险

相对工业和商业,农业是比较弱势的产业。尽管烟草生产采取的是"计划种植、合同收购"模式,实行的是期权式价格,基本没有市场风险,但是农业的自然风险较大,对气候的依赖性比较强,不确定性更高;加上近年全球灾害天气频发,极端气候记录不断被刷新,烟草生产受旱灾、涝灾、冰雹等影响,导致烟叶产量和质量下降,严重时甚至造成绝收。为有效解决烟农种烟风险,免除烟农的后顾之忧,切实保障烟农利益,2015 年以来,贵州省烟草行业全面建立了烟草种植保险机制。2018 年以前,每 667 m^2 保险金额为 1000 元,保险费率 4.5%,保险费由烟草公司、县级人民政府和烟农按 6:3:1 的比例分担。2019 年以来,每 667 m^2 保险金额提高至 1500 元。烟草种植过程中,遭受灾害损失后 24 h 内向保险部门及时报案,保险部门在接案后 48 h 内进行查勘、定损,30 个工作日内进行理赔。

2.烟农工作环境

2005 年以来,贵州省烟草行业累计投入 182 亿元,援建水源性工程 40 个,建设超过 40 多万 hm² 的基本烟田烟水配套工程,建设密集烤房 15.3 万座,建成机耕路 9900 km,配置农机具 12 万台,建成育苗大棚 380 万 m²,完成土地整理 1.93 万 hm²,烟区农业综合生产能力得到极大提高,烟农的生产、生活条件也得到较大改善。除此之外,贵州省烟草行业还为烟草生产操作人员的身心健康与安全着想,修建了供烟叶采收后操作的编烟棚、交售烟叶时的等候休息室、烘烤场所和分级场所等人员较为集中场所的卫生间等,保障了烟农和烟草生产操作人员的健康与安全。供烟农在等候烟叶分级、交售期间休息和学习或观看现场分级情况时使用的休息室,要求面积在 30 m² 以上,配置烟农休息座位 20 个以上,分级现场视频监控显示屏 1 台,电视机 1 台,多媒体播放器 1 套,饮水机或保温桶 1 个及足量的饮水杯具,还配置中暑、心脏病等突发疾病的急救药品服务柜 1 个,以及安全的卫生设施,并在醒目位置张贴当地医院的急救电话、突发事件报警电话,摆放烟叶分级质量纠纷投诉电话提示牌和提高烟草生产技术、介绍烟草生产政策等的宣传资料。

(六)烟农雇工风险防范

铜仁市德江县和毕节市纳雍县在 STP 试点过程中,探索出烟农雇工风险防范的新路子。由烟草公司牵线搭桥,烟农在烤烟生产季节按雇工总数(不记名)为雇工向当地保险公司投入身意外保险。此类保险为 3 个档次,具体见表 5 – 12。

表 5 – 12　保险的 3 个档次

档　次	投保费用	意外死亡保险额	意外伤害保险额
Ⅰ	60 元/人	10 万元/人	1 万元/人
Ⅱ	120 元/人	20 万元/人	2 万元/人
Ⅲ	180 元/人	30 万元/人	3 万元/人

(七)烟草扶贫

烟草在贵州省已经有几百年的种植历史,作为贵州省的重要支柱产业之一,烟草产业已成为贵州省脱贫攻坚的重要产业。在发展烟草生产的过程中,贵州省烟草企业时刻将烟农利益放在心上,始终将降低烟农劳动强度、增加烟农收益放在重要位置,让烟草产业成为贵州省农村脱贫致富的重要产业和途径,为贵州省农村经济发展起到了积极的推动作用。

自公司组建以来,中国烟草总公司贵州省公司不断提升烟草生产水平,提高烟农种烟效益,让先种烟的贵州省农民逐渐走上了小康的道路,生活越来越好。在贵州省这个脱贫攻坚的主战场上,中国烟草总公司贵州省公司从没忘记自己的责任,牢记嘱托,感恩奋进,依托烟草产业优势,将烟草种植向贫困户倾斜,支持有劳动力、有能力的贫困户种烟,支持其他贫困户参与做工,赚取务工收入,让更多贫困户通过烟草生产走出贫困、走向小康。仅 2018 年,全省共有 3079 户贫困户通过种烟实现脱贫。其中,在中国烟草总公司贵州省公司对口帮扶的水城县,种烟农户中有 20% 是建档立卡的贫困户(共 722 户,2986 人),种烟面积为 1040.7 hm²,种烟收入为 5144.63 万元,户均年收入 7.1 万元,实现了种烟 1 年就脱贫的良好愿望。

第三节 人员领域实施措施

一、烟区未成年人保护

STP 严格要求烟农不得雇用童工参加劳动。我国的法律规定,童工是指未满 16 周岁,与单位或个人发生劳动关系,从事有经济收入的劳动或从事个体劳动的未成年人。同时,并不是所有参与劳动的低于 16 周岁的未成年人都属于童工,如参加家庭劳动、无损于身心健康和力所能及的公益性劳动或义务劳动就不属于童工范畴。

结合我国的法律及 STP 人员领域对未成年人保护的相关要求与规定,烟区需要做到以下几点:

(1)不得让低于 18 周岁的未成年人参与危险工作(即任何有可能危及未成年人身体或精神健康、安全等的工作)。

(2)不得让低于 18 周岁的未成年人参加会使未成年人身体、心理上受到伤害的工作。

（3）不得让低于18周岁的未成年人在地下、水面下、危险的高空或封闭空间内作业。

（4）不得让低于18周岁的未成年人操作危险机械、设备、工具或参与涉及手工装卸或搬运重物的工作。

（5）不得让低于18周岁的未成年人在不健康环境内作业，例如参与可能接触到有毒物质、药剂的工作流程，或者是在高温、高分贝噪声和震动损害健康的环境中作业；不得让低于18周岁的未成年人在特别恶劣的工作条件下工作，诸如劳动时间过长、夜间工作或是被雇主或父母不合理地限制行动。

（6）不得让低于18周岁的未成年人接触到烟叶。

即便是参与轻量而无害的工作的儿童，其年龄也不应该低于九年义务教育结束前的年龄。烟农的孩子在年龄为16～18周岁且从事较轻工作的情况下，可以帮助自己的家庭进行一些不会威胁到他们的健康和安全或阻碍他们教育及个人发展的烟草生产工作。烟农需持有为自己家提供烟草生产劳动的所有未成年人的出生证明及入学情况记录。

（一）雇用未成年人的规定

若雇用16～18周岁的未成年人，有未完成义务教育的，要使其有足够的时间接受义务教育（包括完成家庭作业、休息、娱乐）。在雇用时需要做到以下几点：

（1）在工作场所清楚地标明哪些工种和工作情况是他们不该参与的。

（2）在用工合同或口头协议内说明哪些工作是他们不能从事的。

（3）确保他们能完全理解不能从事工作的内容及含义。

（二）烟农自己的孩子

STP 要求烟草公司应该对烟区每户烟农的孩子人数进行登记，不定期对烟农进行走访，调查是否存在使用童工的现象。烟农若让自己的孩子参加生产劳动，应该遵循以下几点：

（1）遵守国家法律明文规定的禁止或限制从事的工作的要求。

（2）要确保烟农的孩子在法律规定的义务教学年龄内入学，从事适量的工作不能妨碍孩子接受教育。

（3）只让孩子做一些轻量并且安全的工作。

（4）给孩子提供一些必要的个人防护装备。

（5）烟农或其他监护人要一直在他们身边监护。

（6）应该对将要工作的孩子进行培训，例如教他们学习如何从事有关烟草生产的工作，让孩子知道哪些工作不能做、哪些工作能做。

（7）不得让孩子在夜间进行工作。

（8）对孩子每天和每周的工作时间要严格把控，确保他们有足够的时间接受教育（包括完成家庭作业、休息、娱乐）。

（9）烟农自己年满 8 周岁未满 16 周岁的孩子，可以帮助家长做些轻量家务，但在上学期间每天的工作时间控制在 2 h 以内，每周不得超过 14 h。

二、禁止强迫劳动

（一）防止债务、债务或威胁

人员领域要求所有的劳动都是自愿的，不得出现有强迫劳动或贩卖人口的现象。雇主在雇用工人前应该做到以下几点：

（1）为所有雇工提供一份雇工容易理解的书面合同，合同内容须注明雇工的工资、加班工资及自由离职的权利等。

（2）单独直接向雇工支付工资。

（3）若雇工与雇主之间存在债务关系，需要证实债务均是自愿的，而不是来自不合理的物价或是服务收费，雇工可以在合理的时间内偿还，而不是被强迫劳动以抵偿债务。

（4）有记录证明在招聘雇工过程中不产生相关费用且不存在从雇工工资中扣除的情况。

（二）雇工离职

雇工有权利在有合理原因且提前通知雇主的情况下随时离职。为了保证雇工能够合理地离职，雇主需要做到以下几点：

（1）在雇工合同内详细说明雇工在什么情况下可以随时离职。

（2）按时支付雇工工资。

（3）雇工离职时，雇主须支付他们尚未支付的工资。

（4）不能扣留雇工的身份证原件和任何贵重物品。

（三）禁止收取押金

雇主不得将收取押金作为招聘雇工的条件。如果雇主在招聘雇工时一次性收取一定数目的押金，这意味着雇工不能自由离职，同时也形成了潜在的强迫劳动。

（四）不得扣留物品

如果雇主扣留雇工的身份证原件和贵重物品，特别是针对外籍员工，这将限制雇工自由离职的意愿。雇主应该做到以下几点：

（1）不得扣留任何身份证原件（即便是在雇工愿意提供的条件下）；雇主如需为雇工建立档案则只能保留其身份证复印件。

（2）如为雇工保管他们的贵重物品，也要保证雇工在合理的时间内可以取走。

（五）不得强制劳动

无论是自愿或非自愿，雇主都不能雇用犯人或强制他人进行劳动。

三、安全的工作环境

（一）防止事故与预防疾病

烟草生产场所的环境应该是安全的、卫生的，并在危险和疾病发生时有能采取适当的保护措施、急救措施的条件。为此烟农和烟草公司需要做到以下几点：

（1）保持烟草生产场所干净、整洁，避免任何不必要的危险，例如远离危险的工具及材料、安全地保管农药等；能够提供合格并且能立即拿到的急救用品。

（2）烟草生产场所内所有人都应该知道急救人员姓名及其联系方式。

（3）每个人都应该知道针对医疗紧急情况、火灾或极端天气事件的应急方案，保存烟草生产场所所有重大事故和疾病的记录，如有法律规定则需要向当地有关职能部门报告。

（4）烟草生产场所发生受伤和疾病事件时，必须及时护送伤员至医疗救治地点,医疗人员能迅速到达并照料伤员,伤员在养伤期间能得到合适照顾。

(二)预防 GTS

GTS 是因人接触湿烟叶引起的尼古丁中毒事故。烟叶中的尼古丁可溶于水,它会通过雨水、露水、水蒸气等渗到烟叶表面,然后经过皮肤被人体吸收,引起头昏、恶心、呕吐等症状。为了预防 GTS,烟农应该做到以下几点:

(1)告知雇工 GTS 的发生原因、症状及预防措施;雇主必须保留培训记录,以证明参与打顶、采摘及装烟的雇工都接受了关于预防 GTS 的培训。

(2)确保烟草生产场所的雇工佩戴防护装备(例如穿长袖衣服、戴手套、穿雨衣等)以防皮肤直接接触鲜烟叶。

(3)劝导雇工定期更换潮湿或被烟油浸透的衣服。

(4)建议雇工每天采摘烟叶的时间尽可能不超过 7 h。

(5)建议雇工尽可能在凉快、干燥的条件下,或雨后等待烟草变干后再进行劳作。

(6)允许雇工定期休息。

(7)确保有干净的水源以供雇工饮用。

(8)确保雇工在接触鲜烟叶后用热肥皂水清洗身体。

(三)农药安全管理

对于任何没有参加过农药安全施用培训和没有穿戴防护装备的人员,雇主都不得允许他们施用、搬运或喷洒农药或其他有害物质。雇主需确保以下几点:

(1)未满 18 岁的人员、孕妇及哺乳期女性,不得搬运或喷洒农药。

(2)为所有搬运、储存和施用农药的人员标明相应的防护装备,并就如何正确施用农药等方面给予培训。

(3)必须按照厂家标签上的说明和施用要求来施用农药。

(4)只有事先接受相应培训且使用防护装备的人员才可搬运、施用农药或其他有害物质;培训内容包括农药的安全储存和搬运,农药储存点要通风良好,防护装备和农药要分开储存,农药喷施设备需要定期检查,泄漏的手持型或背式喷雾器均不能用于农药喷施。

(5)保存最新的农药操作和施用的安全培训记录。

（6）所有农药的施用都需要进行记录，并确认操作人员。

同时，对于刚施用过农药的烟田，所有人员均不能进入，直到烟田中的农药不会对人（或动物）造成危害为止。为此烟农需确保以下几点：

（1）烟农应该知道农药的药效时间，或什么时候可以在没有佩戴防护装备的情况下进入烟田。

（2）农药包装物上的标签应该标明农药施用后的最短药效时间。

（3）应在施药区附近张贴标识以警示所有人员（包括从事烟草生产的员工及其他公共民众），表明已喷施农药及可不佩戴防护装备的最短药效间隔期。

（四）基础生活安全保障

雇主自己的及给雇工提供的居住环境应该干净、安全。雇主应该做到保障雇工的基础生活安全，但不仅限于以下几点：

（1）为雇工提供的住宿条件至少与该地区的基本生活水平一致，并且符合国家相关法律法规，住宿地点与大田或潜在危险的区域（包括农药储存地点和施用地点）要保持安全的距离。

（2）不管在烟田、烤房还是家中，确保有清洁的饮用水及洗涤用水。

（3）确保雇工能定时休息，并在休息处配备卫生间。

四、结社自由

结社自由指雇工在工作过程中能够自由地集中起来寻求他们的共同利益或目标的权利。雇工结社自由和集体谈判的权利应遵循相应的法律法规。雇主需要做到以下几点：

（1）我国相关法律法规规定了允许的社团类型，雇工有自由参加和组织的权利，雇工合同和公司规定不能限制雇工的这些权利。

（2）雇主不干扰雇工推选员工代表。

（3）如果存在工会或协会，雇主应该和雇工代表谈判有关工作的条款和条件。

（4）雇主不能因为工会和社团活动处罚雇工或终止其劳动合同。

（5）雇主不能因为雇工加入这些机构而使其降职不能晋升或调动其岗位。

（6）雇主不能强迫雇工参加任何组织机构。

五、雇工的收入、工时和利益

雇主支付给雇工的工资必须要达到当地的最低工资标准,不能让雇工过度工作或非法占用雇工的时间。

(一)工作时间

雇工的劳动工时不应过度,并且要符合当地有关劳动工时的法律法规。雇主在雇用工人时,应该按照国家法律法规控制好工作时间。如果法律没有明确规定劳动工时,雇主必须确保:

(1)建立一个可接受的劳动工时限度,要考虑到雇工所需的休息时间、陪伴家庭的时间。

(2)工时不包括加班时间,我国实行劳动者每天工作时间不超过 8 h、平均每周工作时间不超过 44 h 的工时制度。用人单位应当保证劳动者每周至少休息 1 d。因生产特点不能实行此规定的,经劳动行政部门批准,可以实行其他工作和休息办法。

(3)用人单位由于生产经营需要,经与工会和劳动者协商后可以延长工作时间,一般每天不得超过 1 h;因特殊原因需要延长工作时间的,在保障劳动者身体健康的条件下延长工作时间每天不得超过 3 h,每月不得超过 36 h。

(4)每位承包商或分包商雇用劳工时,必须遵守所有相关劳动法规和国际劳动组织公约关于劳动工时的规定。

(5)与雇工的合约中要明确表明雇工期望的每周工作工时,并且给每位雇工做好考勤记录,雇工的工资单中也应包含雇工的工时情况以便雇工自己核对;在国家法律法规允许范围内,采收高峰期的雇工劳动工时可以超出限值。

(二)工资及支付时间

雇主发给雇工的工资,在达到法律规定的当地最低工资标准的基础上,应该由双方(如与民工组织或工会)共同协商确定,并且实际支付给雇工的工资要符合该标准。当雇主雇用雇工时,必须给雇工提供书面且易理解的工资信息。通常这些条款会包含在雇主和雇工签订的协议中。对此,雇主需确保以下几点:

（1）对于临时工或计件工,其工资必须符合折算成小时后的最低工资标准。对所有雇工(即便只工作 1 d)必须有关于工时和工资的明确规定。

（2）雇工必须有自己每笔工资的记录(如附有雇工签名的工资清单、银行转账清单或其他形式的工资发票);雇工应签署或领取他们认同的工资单复印件。

（3）雇工的支付清单中要包含指定期限内的工作报酬及基本工资。支付清单中的信息足以让雇工判定他们的工资是否正确。支付清单可作为证据说明雇主准确并按时支付雇工工资,这对于双方都是一个很重要的记录凭证。

对于计件工,雇主应制定计件工完成任务的合理时间并根据最低工资标准或其他更高的标准计算报酬。最低工资标准通常基于常规工作日计算(通常为 8 h),所以如有计件工需要每天工作 10 h 才能挣足等额最低工资标准的,可认为其未被足额支付。一个合理的计件工资系统应该明确说明计件工付出的劳动及其相应的回报。每位计件工的支付清单都应妥善保存,可用来详细说明每个计件工的完成量和工资合计。保留完好的记录有助于计件工明白他们的报酬是如何计算的,并且有助于雇主更好地管理烟草生产的成本。

（4）至少每月给雇工支付 1 次工资,并且最低支付额应当符合国家法律规定。雇主应当在雇用雇工的同时告知他们明确的发薪日。一般不提倡一次付款的方式,但是如果是雇工自愿同意该支付方式并且没有违背国家法律,那么可以采用这种方式,同时详细条款必须有文字记录且获得雇工认可。劳资合同中必须指出雇工有权在烟草生产季节结束之前自由离岗,以及明确这种情况下雇工工资该如何计算。

（5）在烟草生产季节结束但烟叶还未销售前,雇主必须有足够资金来支付雇工的工资并履行他们的义务。

六、福利、假期和休假

雇主应当给雇工提供相关材料(如宣传画、手册),告诉雇工他们享有国家法律规定的福利、假期和休假权利。雇主与雇工签订的劳动合同中应包含雇工福利、假期和休假的相关内容。

雇用劳工时,应当遵循所有相关加班的法律规定。每当雇主要求雇工加班时,他们应当确保雇工是自愿的,并且支付给雇工的额外加班工资必须达到国家法律要求或双方的劳资谈判约定要求。如果法律或劳资谈判没有涉及加班工资标准,雇主可以用支付更高工资的方式与雇工协商是否愿意加班。

雇主和雇工签订的合同中应当特别说明有可能需要雇工加班和大概需要的加班工作时间(例如须在合同中注明生产季中特别忙的几周)。当有特殊或意外情况发生需要雇工加班时,雇主须预先(越早越好)与雇工就加班时间进行协商并取得雇工同意。

雇主给雇工支付工资的记录和清单是最好的凭证,可以很好区分正常工资和加班工资。

七、遵守法律

(一)烟草生产中雇工的法定权利和签订的雇佣合同

当雇主雇用雇工时,他们需要确认雇工在开始工作前知道并理解自己能够提出的合法要求。如工作时间和最低工资需包括在工作合同中,如无书面合同,则在工作场所要有可以查阅的相关文档资料。

供应商应支持并指导雇主从相关部门获取有关雇工的责任、义务的信息,例如:

(1)政府的劳务部门,如劳动部或类似的组织机构。

(2)能帮助雇主回答雇工合法问题的律师,通常来说这是获取官方信息的最好渠道。政府应该通过出版物、广播或网络宣传相关信息。

(3)公众法律服务部门。

(4)一般代表雇主或代表雇主利益的组织机构或协会。

(5)代表员工合法权益的组织机构或协会,如工会或其他类似的组织。

(6)烟草生产基地雇工签订的书面雇佣合同和员工信息记录。

与每位雇工签订合同是一个很好的行为,这样雇主和雇工都非常清楚雇用条款和条件。合同中应包括要执行工作的明确信息、工作时间、约定工资和雇工享有的权利。对于烟草生产基地中的所有员工,雇主都需要保存文件副本(主要包括雇佣合同、工资支付单或员工身份证复印件等)。

(二)雇用条款和条件

在招聘或雇用员工时,雇主需要给雇工提供书面说明,包括工作类型、工作时间、工资标准、雇用时期及所有法定福利。很多国家的法律规定合同内必须写明雇用条款和条件并且要雇主和员工双方签字,还可能包括一些特别的法律要件。签订的合同细节可能还需到当地劳动部门或税务机关登记。雇工必须有一份签订的合同原件或复印件。

合同的条款和条件无论是否写入合同文本,都必须与国家法律规定一致。例如,如果法律规定劳动合同只能提前 1 个月终止,那么烟草生产基地的合同就不能规定劳动合同只能提前 2 周终止。

第四节　人员领域实施成效

一、评估结果

贵州省 STP 试点 2017—2018 年人员领域评估分数见表 5-13。

表 5-13　贵州省 STP 试点 2017—2018 年人员领域评估分数

年　份	原　　则	关键标准	烟草生产过程中的童工	强迫劳动	安全的工作环境	公平待遇	结社自由	雇工的收入、工时和利益	遵守法律	总　分
2017 年	供应商自评	90 分	100 分	97 分	72 分	100 分	20 分	40 分	50 分	86 分
	英国 AB Sustain 公司评分	97 分	100 分	93 分	64 分	100 分	33 分	80 分	100 分	83 分
2018 年	供应商自评	96 分	90 分	99 分	89 分	100 分	100 分	100 分	100 分	96 分

(1)关键标准:基于风险评估确定培训的方案、实施和监测完全达到了关键标准的要求,尤其是实施培训中女性种植户的加入,更加体现了公平对待的条款。

(2)烟草生产过程中的童工:种植主体都知晓、签订不能雇用童工和某些工作最低年龄限制的条款内容,但通过突击访问,少部分种植主体不知道自己的孩子可以从事哪些方面的工作。

(3)强迫劳动:尊重雇工自由权利,禁止对雇工采取任何形式的强迫劳动(包括囚工、契约劳工、抵债劳工);雇工有受雇自由、辞工自由、加班自由、行动自由。

(4)安全的工作环境:种植主体都知晓国家规定的急救电话和基本的急救常识,从3次评估结果来看,2017年对烟农和雇工进行培训后有了很大的提高。

(5)公平待遇:基于国家的法律法规,贵州省尤其是多民族地区,能很好地尊重雇工和公平对待雇工;禁止一切形式的歧视行为,包括不能因种族、宗教、残疾、性别、语言和年龄等不同而进行歧视;不能扣留雇工身份证原件、贵重物品或其他财物,不能收取雇工押金。

(6)结社自由:我国法律支持自由结社,并保障所有公民的基本权益不受侵害;禁止对集体谈判代表进行歧视和打击报复。

(7)雇工的收入、工时和利益:符合国家规定的最低工资标准、工作时间和福利。

(8)遵守法律:坚持公平、平等的原则,与雇工充分沟通和协商,让雇工知晓劳动协议内容,包括待遇、相关权利与义务;在合作社备案雇工劳动的相关信息。

二、实施成效

对比评估的情况,贵州省STP试点在人员领域进行了宣传和改进,取得了良好的效果。

(一)烟草种植收购合同中对人员领域内容进行约定

贵州省烟草行业把STP标准人员领域的相关要求写入烟草种植收购合同中,要求在烟草种植过程中,需要雇用其他劳动者的应遵守如下约定:

(1)遵守国家有关法律法规,给雇工提供安全、卫生的工作环境,提供必要的安全防护保障和合理安排休息时间,给雇工提供清洁的饮用水和洗涤水。

(2)保障烟农子女接受九年义务教育,不雇用16岁以下的未成年人,孕妇、哺乳期妇女和16～18岁的未成年人不得从事任何形式的危险工作。

(3)保障雇工的合法权利。不强迫雇工,公平对待雇工,保障雇工可以自由离职。不收取雇工押金或扣留身份证原件和贵重物品,不歧视雇工。保证雇工工作时间满足相关法律规定,雇工工资应达到法律规定的最低标准,且必须按合约按时和足额地给雇工发放工资。

（4）对雇工进行 GTS 相关知识培训，做好接触鲜烟叶的防护工作。

（5）及时回收和处理生产废弃物，保护土壤、水资源等。

（二）对于雇工须知问题进行培训

2017 年，贵州省 STP 试点针对烟草雇工是否了解和认识自身的权利和义务，进行了雇工应知应会的培训和宣传。在雇用工人时，与雇工进行沟通，并告知雇工在须知上签字，保障雇工的利益。英国 AB Sustain 公司对贵州省这种方式给了高度赞扬和肯定。

（三）烟农家庭农药储存箱发放和防护装备发放

2018 年，贵州省 STP 试点高度重视烟农家中的零散农药放置问题，针对这一问题，烟草公司统一购买了农药储存箱，农药储存箱都配锁并上锁。农药储存箱有外置警示标志，且要求放置于小孩不能触摸到的地方。施药器械使用完后放到安全地点，有效保障烟农及其家庭成员的人身安全，进一步巩固烟草企业的社会责任。同时，贵州省 STP 试点出于人文关怀和重视烟农避免受 GTS 的影响，发放防护装备共计 380 套，有效保障了接触鲜烟叶烟农的人身安全。

（四）2018 年突击访问试点烟农对人员领域内容的理解程度

2018 年，第三方评估机构对贵州省 STP 试点的烟农进行了突击访问，主要集中于 GTS、农药施用和储存、雇工要求等方面。结果显示，80% 的烟农知道和理解 GTS，并知道使用个人防护装备；90% 的烟农了解和认识危险工作。通过 2 年的试点工作，STP 人员领域重点内容已基本融入烟农的日常生活和烟草生产的过程中，达到了预期目的。

三、提高对农业用工实践的认识，树立烟草行业产业链劳动用工实践风险防范意识

（一）国际卷烟制造商高度重视劳动用工实践

近年来，有关禁烟、控烟的呼声越来越高，烟草行业生存空间受到极大挑战。烟草行业作为一个饱受争议的行业，其产业链上的劳动者权益保障和安全的工作

环境等是国际关注的重点之一。农业用工实践(Agricultural Labor Practices,ALP)是建立在国际劳工组织、国际劳工标准及国际劳工组织公约的工作权利和基本原则基础上的,是 STP 人员领域的主要内容。国际卷烟制造商认识到,不高度重视农业用工会存在巨大风险,将会影响烟草行业、烟草公司在国际上的形象,从而影响卷烟品牌和卷烟销售,因此必须引导烟草行业产业链相关方共同行动起来。

在 ALP 中,最关注的问题是童工。2015 年,人权观察曝光了美国烟草农场非法雇用童工的问题;2017 年,人权观察曝光了印度尼西亚等几个国家烟草种植农场中存在雇用童工和其他践踏人权的问题。

菲利普·莫里斯国际公司高度重视 ALP,在其 2019 年出版的《农业劳动用工实践》第 2 版中,修改了 ALP 中执行立即整改项的流程,包括解决问题和后续跟踪。一是将立即整改项分为 I 和 II 两类,对两类立即整改项进行了解释,并对技术人员遇到此两类事项时的处理进行了规定。二是要求供应商负责落实立即整改流程,包括尽职调查、跟踪访问。尽职调查由供应商负责,在合同签订前对农户能否满足 ALP 的要求进行评估,然后做出是否可以签订合同的决定。跟踪访问由公司国家区域团队负责。

(二)ALP 及其风险防范意识在国内的重要性凸显

1.国内烟草种植方式、生产组织方式在发生变化

烟农种植由当初的小农经济过渡到中等规模面积种植,到现在职业化和合作化种植方式的大户种植,到未来可能由高度组织化的农业公司种植。这一发展趋势给烟草行业的信号就是雇工将会越来越多,雇工的劳动者权益保护工作将会越来越重要。

(1)当前高素质农民已经进城、准备进城、向往进城,农村空心化不可避免,高风险、多环节、长周期、技术复杂的烟草生产谁来进行?这就要求烟草生产在生产方式上进行转型、生产对象上进行调整,由企业、技术人员、高素质产业工人(农民)实行规模化生产、绿色化投入、机械化种植、智能化管理、集团化发展、产销一体化运营的生产模式,满足消费者的安全、绿色、健康、多元化需求。

(2)小户、散户烟农在不断减少,这与当前整个农村规模化种植水平不断提升的发展趋势一致;而总种植面积除去受国家宏观调控和计划种植收购合同的因素影响外,逐步由不稳定趋于稳定。也正是因为一些小户、散户烟农的不断减少,使

得烟区的闲散土地能够集中起来,为烟区的规模化种植提供了可能。同时,推进现代烟草农业建设后,土地等基础资源逐步向部分烟农集中,为农村生产主体职业化和服务主体专业化提供了可能,烟草生产的主体基础更加稳定。而市场在资源配置中发挥的决定性作用,使计划资源的有限性与市场资源的无限性实现了完美结合,小户、散户烟农向职业烟农和产业工人的分化,正适应了现阶段农村生产力发展要求和生产关系的变革与调整。

(3)规模化是生产力发展的必然结果,生产力越发展,社会分工越细。现代烟草农业建设必须允许一部分烟农从烟农身份中解放出来,实现社会化的重新分工而从事其他劳动,成为烟区的产业工人。从当前看,烟农队伍减少给烟草生产带来了一定的冲击,然而从长远来看,从生产力与生产关系的变革规律来看,随着现代科技的进步,生产力的发展必然要引起生产关系的变革与调整,以此来适应新的生产力发展要求,也必然引起社会重新分工,烟农队伍减少,一些零星分散的土地才有可能集中起来,为适度规模化和产业化发展带来可能。从某种意义上来说,烟农队伍减少正是生产力发展和社会重新分工的必然结果,适度规模化和发展产业化是生产力发展的必然趋势。只有打牢了规模化种植这个前提,才能为集约化经营、专业化分工、信息化管理提供可能,才能真正实现烟草的产业化发展。如何进行土地的有效流转,为户均规模化和连片规模化创造条件,实现土地的出租者和承租者双赢已经成为发展现代烟草农业亟待解决的重要问题。因此,一方面应大力培育职业烟农,为规模化种植打造生产主体基础;另一方面应加快农业产业工人队伍开发,为专业化服务开展打造服务主体基础,最终才能实现作业方式与生产方式相适应,生产关系调整与生产力发展相适应,烟叶经营与生产相分离,盘活农村土地资源和劳动力市场,有效解决在哪种烟、谁来种烟、怎么种烟的问题。

2.保障行业工人权益、防范劳动用工实践风险是中国烟草可持续发展的基础性工作

随着中国烟草走出去发展战略的推进,中国烟草国际化程度会越来越高。在烟草产业链的初端,在保障烟农种植主体稳定和收益的同时,积极探索保障烟草生产工人的权益、防范烟草生产劳动用工风险,是中国烟草可持续发展的基础性工作。

四、实施过程中面临的问题

(一)自由结社

STP 人员领域中的"自由结社"是完全按照西方国家要求来设计的。在本地化的过程中,必须结合中国实际与相关法律法规。按我国相关法律法规规定,对于依法在相关部门注册登记的社团、协会、合作社等组织,工人有自由参与的权利。

(二)烟农雇工的最低工资标准

我国还没有专门的烟农雇工最低工资标准,这方面国家需要进一步完善。

(三)烟农雇工合同

贵州省烟农雇工约定主要方式为口头协议,烟草公司有引导和帮助烟农将口头协议向文字协议转化的义务。

五、持续改进

(一)建立立即整改项清单和行动指南

建立立即整改项清单(见表 5 - 14)及处理流程(见图 5 - 1)。一旦立即整改项发生,由技术人员与烟农进行充分沟通交流,立即停止相应行为或操作,采取正确的行为或操作方式;同时记录相关信息和整改情况。如果烟农不进行整改,技术人员应及时把相关情况向烟叶站负责人汇报。烟叶站负责人应及时与烟农进一步沟通交流,说服烟农整改。如果烟农坚持不整改,烟叶站负责人应及时向县(市、区、特区)烟草分公司 STP 领导小组汇报。

县(市、区、特区)烟草分公司 STP 领导小组在接到立即整改项的发生报告后,对未能整改的要立即研究处置办法,采取相关措施(如取消烟农烟草种植收购合同等)避免此类事件再次发生;对已整改的,在年终要纳入领导小组会议议题,研究预防措施。

在烟草种植收购合同签订前,烟草公司就立即整改项要对烟农进行评估,做出是否签订合同的决定;合同执行过程中,在发生立即整改项后要进行跟踪。

表5-14 人员领域立即整改项清单

序 号	立即整改项
1	是否有16~18岁的未成年人参加任何烟草相关的工作?(立即整改)
2	是否有16岁以下的未成年人参加任何烟草相关的工作?(立即整改)
3	是否有18岁以下的未成年人参与烟草的危险工作?(立即整改)
4	是否存在农药的储存方式不当可能导致健康风险或可能导致发生事故?(立即整改)
5	农药包装物是否被重新使用,被用来储存水或作其他用途?(立即整改)
6	是否有18岁以下的未成年人从事有害物质的操作?(立即整改)
7	是否有孕妇及哺乳期女性从事有害物质的操作?(立即整改)
8	烟农及家庭施用和处理农药时是否佩戴了个人防护装备?(立即整改)
9	烟农及家庭施用和处理农药时是否佩戴了完整的没有破损的个人防护装备?(立即整改)
10	是否进行一些对自己或别人可能导致危险的操作(农业机器)?(立即整改)
11	在高空作业时是否有安全的设施?(立即整改)
12	烟农及家庭是否有保护措施以防止暴露于GTS中?(立即整改)
13	是否为雇工提供安全的饮用水和洗涤水?(立即整改)
14	是否为雇工提供干净、安全的宿舍?(立即整改)
15	是否有因为雇用债务关系导致雇工不能离开工作?(立即整改)
16	是否扣留雇工的身份证原件或贵重物品?(立即整改)
17	是否雇用犯人?(立即整改)
18	雇工是否采取保护措施避免暴露于GTS中?(立即整改)
19	雇工施用和处理农药时是否佩戴了个人防护装备?(立即整改)
20	雇工施用和处理农药时是否佩戴了完整的没有破损的个人防护装备?(立即整改)
21	是否对雇工及其家人进行恐吓、威胁或体罚?(立即整改)
22	雇工是否经常被监视和看守?(立即整改)
23	是否对雇工及其家庭成员有性虐待的行为?(立即整改)
24	是否对雇工及其家庭成员有性骚扰的行为?(立即整改)
25	是否对雇工及其家庭成员有语言虐待和骚扰行为?(立即整改)
26	是否歧视雇工?(立即整改)
27	是否强迫雇工超时工作?(立即整改)
28	是否规律地支付雇工工资?(立即整改)
29	是否有意欺骗和隐瞒雇工雇用条款和条件?(立即整改)

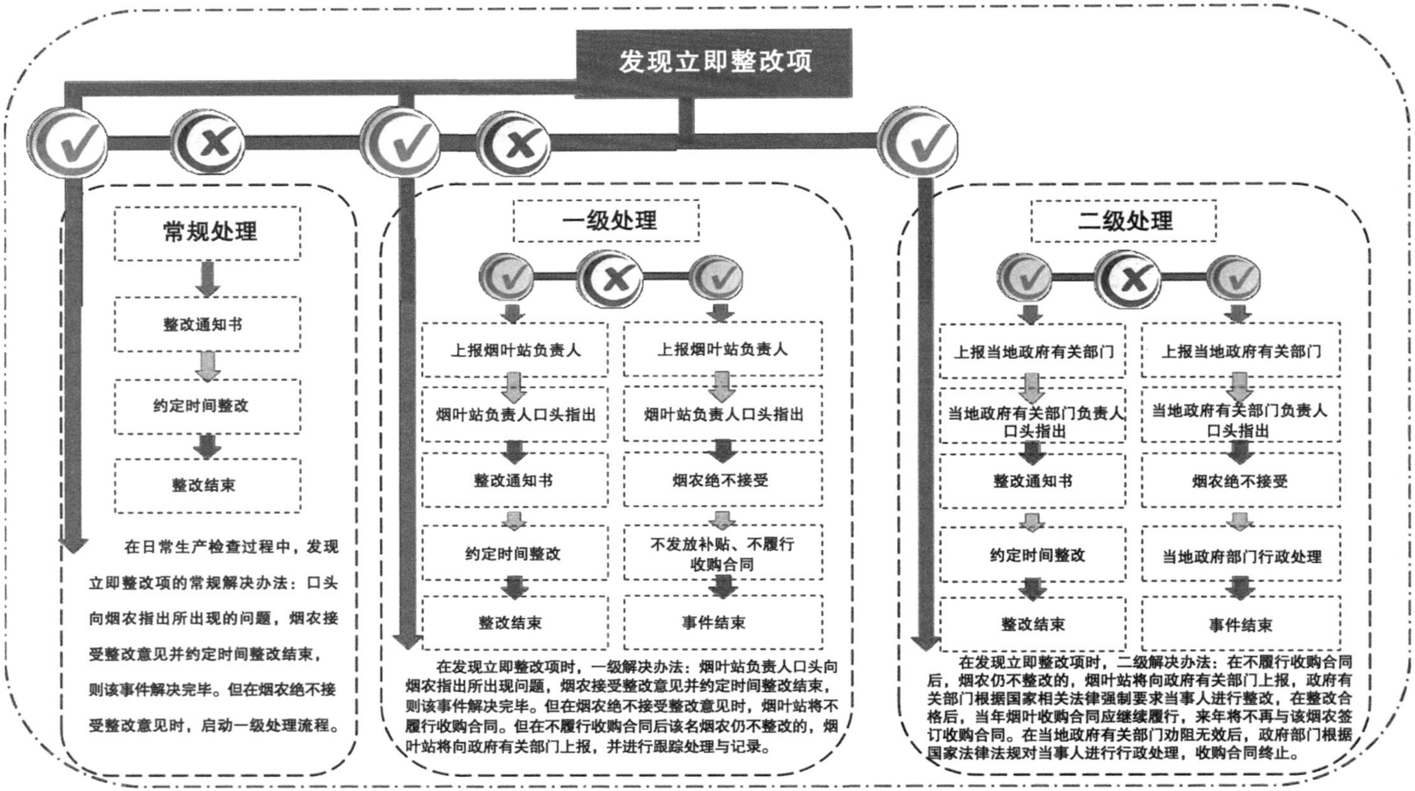

图 5-1　立即整改项处理流程

(二)建立烟草种植安全工作环境相关规范

烟草生产活动中,烟农及雇工应了解并知道如下安全方面问题:

(1)知晓应急和急救电话并获得相关知识培训;有简单的防护装备等;烟草生产过程中如果身体不适或有疾病时,应迅速到村级医院或其他医院就诊获取帮助。

(2)GTS 是一种因长时间接触湿的鲜烟叶而引起尼古丁中毒的一种疾病。烟叶上的尼古丁与烟叶上的水分混合,当人体接触的时候,尼古丁通过皮肤被人体吸收,会引起头晕、恶心、呕吐等症状。应对措施:穿长袖衣服、戴手套、穿雨衣,以此来减少皮肤的暴露;接触鲜烟叶后及时用热肥皂水清洗身体,并换穿干净衣物。

(3)农药储存、施用和防护:农药必须放置于单独房间储存并上锁或用单独的农药储存箱储存并上锁,放置于 1.5 m 以上的高度,钥匙由专人负责保管,未经许可不得开启。施药人员必须接受相关培训;施用农药时设置安全警示牌;严格按照产品说明和培训要求施药;施药时必须使用安全防护装备;喷洒农药后再次进入田间的间隔时间至少为 3 d;农药必须远离儿童、动物及食物;农药包装袋要及时清理。

(4)农业机械伤害:使用机械时,如果操作不当或出现故障会对人体造成伤害。应对措施:操作机械前应仔细阅读说明书,并进行必要的实践培训。

(5)装烟和卸烟地高空作业:烟农或雇工在装烟或卸烟时,要预防从高处跌落。应对措施:将安全绳拴在腰间;用于垫脚的木板或物体要牢固;上下台位时要小心。

(6)吸入灰尘:在分级、扎把、烘烤过程中,严防过多吸入灰尘。应对措施:戴口罩;保持场所良好通风。

(7)火灾、触电事故:烘烤烟叶时需要注意有煤炭和电能等容易引起火灾和触电事故的地方。应对措施:平时严格按照规定操作;加强教育培训。

(8)交通事故:在烟叶或烟用物资运输过程中可能引起交通事故。应对措施:车辆严格按照交通法规行驶;不可人、烟和物混装;不得超载、超速和酒后驾驶等。

(9)恶劣天气:烟农在田间作业时可能会遇到暴雨、雷电、冰雹、台风等而受到伤害。应对措施:多关注天气预报;恶劣天气不要站在树下或拨打电话。

(三)未满18周岁的未成年人不能从事的工作

(1)农药的配制、施用、保管和回收处理。

(2)肥料的施用、保管和回收处理。

(3)烟田翻犁、起垄、覆盖地膜、培土上厢、烟叶打包等机械操作。

(4)烘烤过程中的上炕、下炕等高空作业。

(5)打顶、采收、绑杆等接触鲜烟叶的工作。

(6)烟秆拔除。

(7)搬运重物、使用锋利工具。

(8)在极端高温下或在高粉尘环境工作。

(9)长时间或夜晚工作。

烟农的孩子可从事的轻量工作见表 5 – 15。

表 5 – 15　烟农的孩子可从事的轻量工作

年龄段	可从事的轻量工作
8 ~ 10 岁	擦地、洗碗、将垃圾带到公共垃圾场
10 ~ 14 岁	扫地、擦地、洗简单的衣物、倒垃圾
14 ~ 16 岁	洗衣物、打扫卫生、做饭及其他轻量工作等

(四)持续完善烟草种植主体(合作社)雇工须知

(1)雇用条款和条件符合国家法律法规,不存在雇工被欺骗的现象,雇工享有受雇、辞工、加班和行动自由权利。

(2)不能扣留雇工身份证原件、贵重物品和要求雇工交押金。

(3)没有囚工、契约劳工等。

(4)享有公平待遇,如自由结社、保障机制、无差别对待和谈判等。

(5)工资符合国家法律规定的最低标准、至少按月支付、本人领取、离职结清、不得克扣等。

(6)劳动时间符合国家相关规定,每天 8 h,每周不超过 40 h,加班自由,支付合规。

(7)根据气候条件自由安排休息及其他福利事项。

(8)发生争议时可向当地政府相关部门申诉。

(五)加大对烟草种植主体关于农药施用知识的培训

施用化学农药比绿色防控成本低、见效快,而大部分烟农只考虑防控成本和防控效果,并不关注农药对施用者和间接接触者的身体危害。农药施用引起的健康损害非常多,如对皮肤、神经系统、免疫系统的损害,对心血管系统和血液系统的影响,对男性生殖的损害,还会导致体质下降、肝肾损害及各种慢性病等。

中国烟草总公司贵州省公司要求基层单位每年都要对烟农开展农药施用培训,指导烟农正确施用农药;持续培养专业化植物保护人才开展专业化服务,减少烟草种植主体自行施用农药的次数;建立烟草农药配套供应体系,防止烟农从市场上自行购买廉价或高危险性农药;对烟农施用农药全过程进行有效监控,这样可以有效避免农药施用过程中对生产操作人员产生的危害。

(六)完善与农药对应的劳动保障用品

国际劳工组织曾强调,应该给农民和农场工人提供个人防护装备。根据《国际农药管理行为准则》的定义,个人防护装备是指在处理农药和施用农药过程中能够防止接触农药的任何衣服、材料或设备。

有害生物综合治理项目的一个具体目标是确保农民使用个人防护装备。GAP进一步规定,应向所有参与处理、储存和施用农药的个人提供适当的个人防护装备,并应对这些人进行关于如何使用个人防护装备的培训。

什么情况穿戴哪些适当的个人防护装备取决于一系列因素。其中一些因素可以被认为是跨地区的标准(如需要考虑相关农药的危害性化学成分或个人防护装备材料的抗化学腐蚀性),而更多方面是要和其他因素共同考虑的(如使用的设备类型、田间操作的类型、操作持续时间、气候或在特定区域的规定)。为了更好地使烟草供应商能够遵守 GAP 中关于个人防护装备的准则,并促进烟农使用适当的个人防护装备,需要制定最佳做法及准则,确定在施用不同农药的情况下应穿戴哪些个人防护装备。

在我国,烟草行业目前还没有具体针对不同农药使用不同的劳动保障装置的规定。但个人防护装备的配备必须符合相关规定,主要包括:《中华人民共和国安全生产法》《中华人民共和国职业病防治法》《危险化学品安全管理条例》。

农药个人防护装备要求和国际上对用于烟草和烟叶产品的农药和化学品有效成分的个人防护装备要求见表 5-16 和表 5-17。

(七)持续改善种植主体农药储存管理

利用可上锁的箱子储存农药可预防意外中毒。虽然有要求烟农配备农药箱的规定,但由于补贴资金不够,完全配备到位的比例还不高。

表 5-16 农药个人防护装备要求

要求等级	手部保护	呼吸系统保护	眼部保护	肢干保护	头部保护	脚部保护
最高要求	有防护层的手套或氯化橡胶防护手套	自给式呼吸设备	封闭的面罩和护目镜	3型高标准具耐化学性工作服	无	无
高等要求	具耐化学性的手套，例如丁基橡胶、丁腈橡胶、氯氯乙烯或聚氯橡胶制成的手套	带有油气滤芯的呼吸器或带有微粒预滤器的滤毒罐	防护大颗粒尘埃的护目镜	5型或6型具耐化学性的围裙	具耐化学性的帽子或头盔	具耐化学性的鞋子
中等要求	防水的手套	微粒过滤面罩式呼吸器，性能要优于FFP1，N-95型口罩	可以防止液滴和飞溅的护目镜和面罩	工作服，包括衣服、防水夹克和裤子	无	橡胶鞋或雨鞋
低等要求	上述提到的手套均可	微粒过滤口罩类，FFP1，N-95型口罩或R-95型口罩	任何护目镜	长袖T恤、长裤	上述提到的帽子或头盔均可	穿鞋子和袜子
没有要求	—	—	—	—	—	—
没有列出或登记，或没有详细说明						

表 5-17 国际上对用于烟草和烟草产品的农药和化学品有效成分的个人防护装备要求

农药名称	农药英文名称	手部保护	呼吸系统保护	眼部保护	肢干保护	头部保护	脚部保护
二甲戊灵	PENDIMETHALIN	高等要求	没有要求	没有要求	低等要求	没有要求	低等要求
氟节胺	FLUMETRALIN	最高要求	没有要求	低等要求	高等要求	高等要求	高等要求
仲丁灵	BUTRALIN	最高要求	没有要求	低等要求	低等要求	没有要求	低等要求
苏云金杆菌	BACILLUS THURINGIENSIS	没有要求	没有要求	没有要求	没有要求	没有要求	没有要求
高效氯氟氰菊酯	BETA-CYFLUTHRIN	高等要求	高等要求	中等要求	最高要求	没有要求	没有要求

第六章
贵州省 STP 加工部分实施成效

　　复烤加工是烤烟生产的重要环节,国际卷烟制造商制定了 STP 加工部分指南。STP 加工部分指南涵盖管理领域、工厂领域、人员领域和环境领域,2017 年升级到1.2 版本。国际卷烟制造商不定期对其内容和版本进行更新,要求工厂按照最新版指南内容实施。指南各条款下的指标在所属领域中的权重由国际卷烟制造商根据其受关注程度和具体要求进行设定,年度间可能会发生变化,但权重总和为100%。STP 农艺部分中的诸多标准在加工部分也有相对应的标准。

　　由于加工厂区域、位置相对固定,并且已经广泛实施环境方面、安全方面等诸多成熟的标准,因此,与 STP 农艺部分的实施相比,STP 加工部分的实施相对较容易。

第一节　贵州省 STP 加工部分实施情况简介

　　贵州省的出口烟叶集中在贵州烟叶复烤有限责任公司贵阳复烤厂加工,贵州烟叶复烤有限责任公司贵阳复烤厂拥有达到国际先进水平的打叶复烤生产线,设计能力 12 000 kg/h,年加工能力为 60 万担原烟,产出片烟能力超过 2 万 t。自1998 年以来,贵州烟叶复烤有限责任公司贵阳复烤厂主要以加工出口烟叶为主,一直为菲利普·莫里斯国际公司、英美烟草公司、日本烟草国际公司、帝国烟草集团等世界著名卷烟制造商及联一国际公司、普瑞铭国际烟草公司、美国烟草公司等全球著名的烟叶中间商提供可靠的产品。2014 年 12 月,贵州烟叶复烤有限责任公司贵阳复烤厂获北京世标认证中心有限公司"质量管理体系 GB/T 19001—2008/

ISO9001:2008""环境管理体系 GB/T 24001—2004/ISO14001:2004""职业健康安全管理体系 GB/T 28001—2011/OHSAS18001:2007"三个国际标准认证证书。贵州烟叶复烤有限责任公司贵阳复烤厂长期加工出口烟叶、为国际客户服务,熟悉国际卷烟制造商关于社会责任的理念、对安全工作环境和劳动用工的要求、各种加工标准及要求,具备实施 STP 的资格。

2016 年 11 月底,按国际客户要求开始在贵州烟叶复烤有限责任公司贵阳复烤厂实施 STP,技术指导前期由英美烟草公司负责,后面更换为联一国际公司负责。贵州烟叶复烤有限责任公司贵阳复烤厂高度重视 STP 工作,组建了由决策层、各部门相关人员组成的 STP 指导委员会,设立 STP 项目专项工作小组,明确 STP 协调员,组织开展 STP 工作计划拟订、项目培训、指导监督等工作,并按照 STP 要求实施证据收集和整理、档案整理和归档等工作。2017 年 3 月,英国 AB Sustain 公司现场评估后,供应商的自评估准确率为 36%,工厂部分评估分为 36 分。当时处于 STP 实施初期,对 STP 解读和理解不够透彻,缺乏对风险评估重要性的理解等。为更好地推行 STP,加快 STP 的实施步伐,提高 STP 实施水平,项目组组织相关人员再次解读 STP 加工部分指南内容。从管理方面切入,完善原有的管理体系,完善 STP 的组织架构,以风险评估为先导,制订培训方案,强化各层级培训,以严格的考核推动 STP 加工部分工作的扎实开展,使 STP 工作步入正常轨道。

第二节 STP 加工部分主要内容

一、管理领域的主要内容

加工部分管理领域有 11 条一级标准、69 项指标(见表 6 - 1)。工厂政策、书面规程和记录、诚信经营、STP 机构、利益相关方的参与、STP 关键人员的培训、立即整改、突击访问、可追溯性与 STP 农艺部分管理领域的要求相同或相似。投诉监测和规程、规章制度是加工部分管理领域特有的。

表 6 - 1　加工部分管理领域主要内容

管理领域	评分标准
工厂政策	工厂有确保 STP 有效实施的政策
书面规程和记录	工厂的书面规程满足 STP 要求,按 STP 要求正确保存记录
诚信经营	工厂要诚信经营、遵守法律,禁止行贿受贿和欺诈行为
STP 机构	工厂明确 STP 机构、责任人和相应职责
利益相关方的参与	工厂与利益相关方合作,获取知识或专业帮助,解决实施过程中出现的相关问题
STP 关键人员的培训	工厂根据 STP 相关标准明确相关任务并培训关键人员
投诉监测和规程	工厂要有获取内部投诉和外部投诉的方法,以保证投诉规程和措施的有效实施
规章制度	工厂要有监测内部规章制度执行情况的流程,以保证所有规章制度得以实施并受到监测
立即整改	工厂能有效处置烤烟加工过程中出现的 STP 相关立即整改项
突击访问	为确保数据采集的真实性,公司应安排熟悉 STP 标准、但不经常到烤烟加工现场的人员进行 STP 突击访问
可追溯性	工厂能保证其烟农购买的初烤烟叶和发运的成品烟的可追溯性

1. 投诉监测和规程

工厂要有监测雇员、承包方、来访者、当地社区并获得投诉的机制,同时要制定避免对上述各方造成明显影响的有效规程。

2. 规章制度

工厂要制定与加工相关的规章制度,确保这些制度随时更新,并有监测这些制度得到有效实施的机制。

二、环境领域的主要内容

环境领域共有 6 条、15 款,有 15 条二级标准、85 项指标。环境领域要求管理好烟叶加工工厂,把对环境的不利影响降至最低。

(一)关键标准

即为风险评估。工厂用风险评估方法识别和降低任何明显风险。

(二)排　放

(1)锅炉排放。工厂监测锅炉排放,确保其符合相应法律法规。

(2)噪声、粉尘和气味对当地社区的影响。工厂有文件体系评估烟草加工过程中产生的噪声、粉尘和气味,把对当地社区的不利影响降至最小。

(3)新工艺、新程序和新设备的影响。工厂有一套完整的文件体系,以确保将新工艺、新程序和新设备对当地环境造成的不利影响降到最小。

(三)废弃物处置

工厂确保处置废弃物不会对环境和社会有任何显著的不利影响。

1. 非危险性废弃物处置

工厂有一套完整的文件体系可对产生的非危险性废弃物(液态或固态)进行评估,确保将其对当地环境造成的不利影响降至最小。

2. 危险性废弃物处置

工厂有一套完整的文件体系可对产生的危险性废弃物(液态或固态)进行评估,确保将其对当地环境造成的不利影响降至最小。

3. 废　水

工厂有一套完整的文件体系可对产生的废水进行评估,确保将其对当地环境造成的不利影响降至最小。

(四)燃料和化学品储存

工厂有一套完整的文件体系可对燃料和化学品储存场所进行评估,确保减少其对当地环境的任何不利影响。

(五)许可证和营业执照,社区和民族

工厂持有所有必需的许可证和营业执照,营业执照和环保许可证书等要符合相关法律法规的要求。工厂要避免与当地民族或社区有任何潜在的冲突。

（六）减少自然资源的消耗和温室气体的排放

工厂通过有效利用资源减少自然资源消耗和温室气体的排放。

1. 减少废弃物的产生

工厂记录产生的废弃物,目的是减少废弃物的产生。可能情况下,公司可回收再利用废弃物。

2. 降　耗

记录工厂能耗,目的是减少加工每公斤原烟的能耗。

3. 节　水

记录工厂的耗水量,目的是减少加工每公斤原烟的耗水量。

4. 工厂车辆节油

记录工厂车辆油耗,目的是减少加工每公斤原烟的油耗。

5. 减少烟叶加工过程中温室气体排放量

工厂记录加工每公斤原烟的温室气体排放量,从而确定排放温室气体的活动,针对性地实施减排计划。

6. 减少第三方温室气体排放

工厂与承包方、供应商接洽,共同减少第三方每公斤原烟的温室气体排放量。

三、人员领域的主要内容

该领域的目的是给雇工提供安全舒适的工作环境,减轻雇工劳动强度,保障雇员的正当权利,消除雇用童工现象,营造团结、互敬、和谐的工作氛围。该领域所指人员包括管理层、各部门员工和季节性员工。本领域共有 6 条、6 款,有 4 条一级标准、6 条二级标准、259 项指标,此处列举重要内容介绍如下。

（一）关键标准

即为风险评估。工厂用风险评估方法识别和降低影响人员领域标准的任何明显风险。

（二）雇佣条款

工厂与所有员工就雇佣条款进行沟通,并做好记录。

（三）培　训

对工厂所有工作人员提供必要的培训,使他们能够高效、安全地工作。

（四）员工评价系统

工厂利用年度评价系统明确全日制员工的培训需求和职业发展方向。

（五）劳动法规和公约

遵守所有与劳工有关的法律法规和国际劳工组织公约。

1.童　工

未雇用童工,且在工厂内没有低于 18 岁的人员从事任何危险或有害的工作。

2.强迫劳动

工厂内没有强迫劳动的现象。

3.结社自由和劳资谈判

工厂支持工人结社自由和劳资谈判的一切权利。

4.工作时间、工资和福利

工人的工作时间不能过长,在没有过度工作和非法工时的情况下,工资达到有足够的自由支配收入的水平。

5.公平对待

工厂保证公平对待所有员工。

6.福利和社区计划

如果国家提供的基本社会福利服务不足,工厂应该为员工和社区提供服务支持。如国家的基本社会福利服务是有效的,该公司应与当地社区接洽,通过适当评估支持有利于社区的项目。

四、工厂领域主要内容

该领域主要是在管理工厂时,要确保任何时候工厂内的所有人员(正式员工、临时员工、第三方合作单位人员、访客)的安全和健康都能受到保护。工厂领域共有 15 条、44 款,有 44 条二级标准、94 项指标。

（一）关键标准

即为风险评估。用风险评估方法识别和降低影响工厂领域标准的任何明显风险。

（二）排　放

确保工作场所的噪声等不会对厂内人员（正式员工、临时员工、第三方合作单位人员、访客）的安全和健康造成任何重大不利影响。

1. 工作场所的噪声、粉尘和灯光照明

确保工作场所噪声不超过 85 dB(A)(8 h 时间加权平均值)；总粉尘浓度不超过 10 mg/m³，呼吸性粉尘浓度不超过 4 mg/m³；工作场所的灯光及照明度符合 STP 加工部分指南中的要求。

2. 工作场所的人体热舒适度

应建立一套完整的体系文件来评估在工作期间各个工作场所的人体热舒适度，并确保缓解措施到位，以保护人员（正式员工、临时员工、第三方合作单位人员、访客）的身体健康。

3. 工作场所的人体功效学

应建立一套完整的体系文件来评估工作场所人体功效学，并确保缓解措施到位，以保护人员（正式员工、临时员工、第三方合作单位人员、访客）的身体健康。

（三）工作场所卫生

确保工作场所的卫生情况保持在良好状态，避免对人员（正式员工、临时员工、第三方合作单位人员、访客）的身体健康和安全造成任何重大不利影响。

1. 日常管理

工厂内全部设备设施都要保持清洁。

2. 食物和水

工厂内食物和水要容易获取，数量、质量必须能维持、保证人员（正式员工、临时员工、第三方合作单位人员、访客）的身体健康。

3. 厕所和淋浴室

工厂内提供厕所、淋浴设施并进行良好维护，以确保人员（正式员工、临时员工、第三方合作单位人员、访客）的身体健康。

烟草可持续发展体系构建与推广应用

4. 更衣室

要对工厂内提供的更衣室进行必要维护,以确保人员(正式员工、临时员工、第三方合作单位人员、访客)的身体健康。

(四)危险性物品和生物性危险物

确保在工厂里储存或使用的危险性物品和生物性危险物不会对人员(正式员工、临时员工、第三方合作单位人员、访客)的身体健康造成不利影响。

1. 对危险性物品的控制

确保有一个明确的文件体系以控制在现场储存或使用的危险性物品。

2. 对生物性危险物的控制

确保有一个明确的文件体系以控制工厂的生物性危险物。

(五)新工艺和新设备

确保在安装、启用新引进的工艺和设备前,识别和缓解其对人员(正式员工、临时员工、第三方合作单位人员、访客)的身体健康可能造成的任何潜在的不利影响。

(六)设施安全

首先确保工厂内设施对人员(正式员工、临时员工、第三方合作单位人员、访客)的身体健康和安全没有不利影响。

1. 安全管理和检查

有专门负责安全的人或团队,他们有权获得足够资源和权限,能及时解决任何重大安全问题以确保工厂安全。

2. 安全意识

为所有正式员工和临时员工提供与他们岗位相对应的、适当的安全基本知识和后续知识培训。

(七)防护装置及保护

工厂里所有机器都要加装防护装置,以确保对人员(正式员工、临时员工、第三方合作单位人员、访客)充分防护;在需要注意的地方都要设置适当的警告标志。

1. 机器、机械设备保护装置

工厂的所有机器、机械设备都要安装保护装置,以确保人体的任何部位都不可能因意外地或有意地与有害移动配件接触而造成伤害。

2. 设置警告标志

使用风险评估对所有具有危险性的机器运动部件或其他有潜在危险特性的机械设备进行辨识,在危险源上面或附近设置警告标志。

3. 安全联锁保护装置

替代控制尚未启动时,安全联锁保护装置可达到相同的效果。在机器完全停止前,它可阻止人员接近机器的危险运动部件。

(八)个人防护装备

对有可能会受伤的地方,确保用上个人防护装备。

在风险评估中确定必须使用个人防护装备的所有地方,确保提供个人防护装备给所有员工、第三方合作单位人员、访客以降低其受到伤害的风险。

(九)事故预防

确保避免可能发生的事故发生。对已发生过的事故吸取教训,避免再次重复发生。

1. 事故分析报告

确保有记录和分析所有事故和事故苗头并向管理层汇报的流程。

2. 工作许可制度

实施有书面许可证的工作制度。

(十)火灾和应急响应

制定火灾和应急响应程序,尽量减少会对员工、承包方和访客造成危害的风险,并在紧急情况下停止业务。

1. 警　报

确保配备报警系统,及时让所有员工、承包方和访客意识到紧急情况,并要求他们转移到安全的地方。

2. 应急设备

确保应急设备容易获取,并就应急设备的使用方法对人员进行培训。

3. 灭火器

确保整个工厂里配备足够数量和适宜类型的灭火器。

4.消防栓

确保现场消防栓数量充足并进行良好维护以便随时可以使用。

5.应急预案

确保有一个根据风险评估辨明的有效的应急预案,明确在任何紧急情况下由谁来采取怎样的行动。

(十一)疏 散

确保有在紧急情况下进行工厂疏散的书面程序。

1.疏散演习

确保所有的员工都接受关于疏散程序的培训,并应定期进行疏散实操演习。

2.疏散标志和路线

确保整个工厂内有清晰的疏散标志,能够引导人们通过安全路线到达紧急集合区域。

3.紧急出口

提供紧急出口,使建筑内所有人在紧急情况下都能够快速且有效地从潜在的危险中逃脱,到达安全的地方。

4.紧急集合点

确保在紧急情况下为所有员工、承包方和访客提供安全的紧急集合点。

(十二)急救和医疗设施

考虑可利用的当地人民政府服务机构的能力和反应时间,确保急救和医疗设施能在发生事故时或在紧急情况下为员工、承包方和访客提供足够支持。

1.急 救

确保在工厂范围内适当的地点有足够的急救人员,以便需要的时候能够无延误地进行紧急救助。

2.急救箱

根据风险评估指导,确保在适当区域正确配备适宜的急救箱。

3.急救室、医疗室

风险评估表明,需要时提供一个合适的房间,提供足够的适当设备和设施,以确保员工、承包方和访客在工作受伤或生病时可以得到及时救助。

4. 药品和医疗用品

确保所有的药品和医疗用品都在有效期内。

5. 急救医疗运输

采用风险评估来确认什么是必需的急救医疗运输,以及应该携带什么样的设备。

6. 员工健康检查

进行就业前和后续的健康检查,确保不会因工作对员工的身体健康造成不利影响。

（十三）工厂安全

禁止未经授权的人员进入工厂,对于所有出入工厂的员工、承包方和访客进行登记记录。

1. 工厂进入

通过指定入口来控制工厂的所有入口,禁止用其他方式进入工厂。

2. 工厂中的人员管理

确保保存所有时段人员的进出工厂记录。

3. 安全告知和监督

确保向所有访客和承包商提供安全告知,并在现场对他们进行适当监督。

4. 与第三方签订厂内工作合同

确保与第三方机构签订的在厂内工作的商业合同都符合公司相关政策的要求。

（十四）车辆和驾驶员

确保所有公司车辆得到维护并运转良好,同时符合健康、安全和环境保护各个方面的要求。

1. 车　况

确保所有在工厂内行驶的车辆,以及在任何道路上代表公司行驶的车辆都保持安全的工作状态。

2. 车辆安全设备

确保按照法规要求、风险评估的结果等,在道路车辆(小车)和叉车、夹抱车等工厂车辆上配备安全设备。

3.安全驾驶培训

确保工厂所有驾驶员都有驾驶相应类别车辆的资格,且必须持有有效期内的驾照。

4.厂内车辆管理

确保工厂内所有车辆以安全的方式运行。

(十五)工厂非烟物质控制

确保采取合理的预防措施避免污染物混入烟叶产品。

1.工厂培训

对工厂内参与加工或处理烟草的相关人员进行关于非烟物质的培训。

2.非烟物质的监测和控制

监控非烟物质,了解其种类、数量及其来源,进行控制和清除。

第三节　贵州省STP加工部分实施现状

一、管理领域的实施现状

(一)政策保障

工厂原有的管理系统是按照ISO 9000体系文件及环境、职业健康安全的要求建立的体系文件,这些体系文件中虽有STP所要求的内容,但不能完全满足STP的所有要求。贵州烟叶复烤有限责任公司贵阳复烤厂根据STP要求,结合自身实际情况,编制了《贵州烟叶复烤有限责任公司贵阳复烤厂STP工作手册》,并按手册要求实施STP工作,每年对工作手册进行一次适应性评审。

(二)组织架构

贵州烟叶复烤有限责任公司贵阳复烤厂成立了STP指导委员会,具体见图6-1。

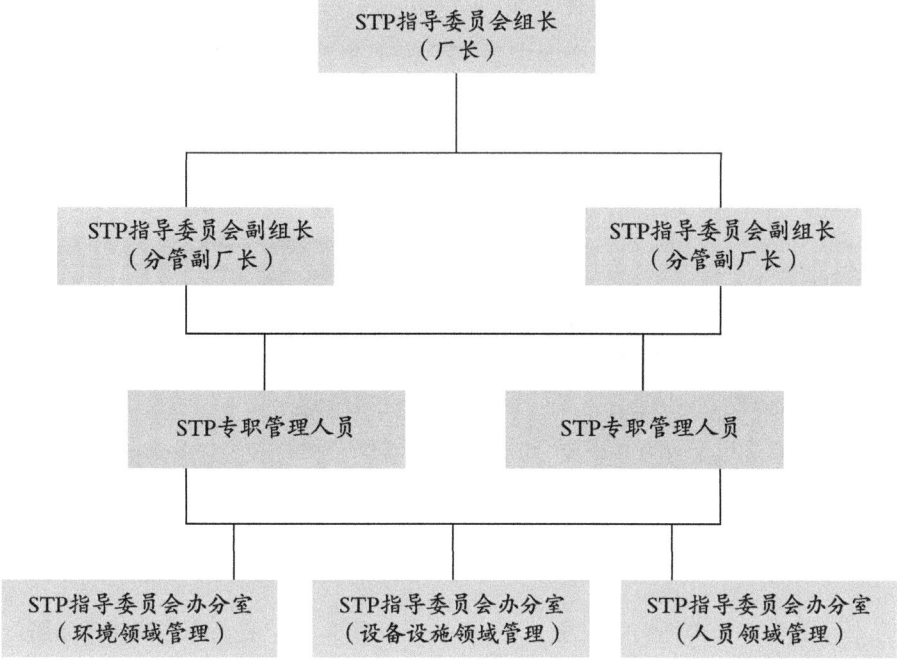

图 6 - 1　贵州烟叶复烤有限责任公司贵阳复烤厂 STP 指导委员会

STP 指导委员会职责：

(1) 贯彻落实 STP 标准与公司相关要求在全厂范围内的组织实施。

(2) 负责组织建立和实施 STP 标准体系，协调全厂 STP 工作，为 STP 实施提供各项资源保障和指导。

(3) 负责组织开展 STP 相关政策修订及发布工作。

(4) 负责审核年度 STP 培训计划，并组织开展 STP 关键人员培训工作。

(5) 组织实施与外部利益相关者的合作。

(6) 负责组织实施年度 STP 实施情况审核工作。

（三）风险评估

组织专人对工厂领域、环境领域和人员领域的各条、款进行风险评估，引导管理者通过采取各项措施有效降低或消除存在的(潜在的)风险。

（四）人员培训

工厂将 STP 培训纳入年度培训计划并具体实践，让各部门的 STP 协调员熟练掌握 STP 标准,便于 STP 的具体实践(见图 6-2)。为提升培训效果、拓展 STP 实施人员的视野、学习国际先进企业实践 STP 的宝贵经验,在项目组的协调下,贵州烟叶复烤有限责任公司贵阳复烤厂积极与国际烟草中间商密切合作,派遣人员到云南省参加供应商组织的 STP 培训学习(见图 6-3)。同时,还与云南省烟草同行开展 STP 学术交流,促进双方共同进步,共同提高 STP 工作实践水平。

图 6-2　内部培训现场　　　　图 6-3　在云南省交流现场图

(五)突击检查

STP 指导委员会抽出人员与联一国际公司人员组成检查小组共同开展年度 STP 突击检查工作。检查内容由检查小组在安全工作环境、环境卫生、设备设施使用情况等指标中随机进行抽取。检查结束后由检查小组将检查过程中出现的问题编制成整改问题清单下发至各负责部门及科室,由负责部门提出改善措施和整改时限,最后由检查小组统一进行整改复查和发布整改结果通报。

(六)记录及档案

在 STP 项目实施过程中,所有文件、方案、规程都符合国家相关法律、地方规定和条例,包括 STP 项目的培训计划、培训方案、立即整改方案、突击访问方案、政策法规等。所有的书面规程均可以在工厂 OA 系统中进行搜索查询及打印。贵州烟叶复烤有限责任公司贵阳复烤厂每年均会开展年度文件评审工作,在下发新的书面规程时,均有对应的文件下发日期、执行日期、盖章,并确保每个员工都能及时审阅相关的公司级和厂级的书面规程。在文件保存工作上,所有 STP 相关工作记录都按要求至少保存 2 年,且未有损坏或遗失的情况出现;在年终会对 STP 工作相关书面规程开展适宜性评估。

二、环境领域的实施现状

（一）排放及污染

工厂每年开展两次噪声、气味和粉尘的检测工作,重点对生产现场人员密集的地方进行检测。检测机构在现场检测后出具对应的检测报告,工厂对不合格的检测点采取设备改造和个人防护装备佩戴等相关措施进行现场防护,确保员工有一个安全舒适的工作环境(见图6-4)。

除尘设备

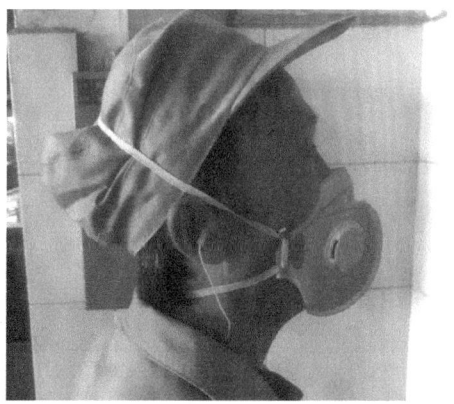

换气风扇　　　　　　　　　　　　防尘口罩

图6-4　防护设施和用品

（二）燃料和化学物品的储存工作

工厂充分考虑储存燃料和化学物品的风险,制作了危险性废弃物信息告知卡;存放燃料和化学物品的储罐都隔离在隔离区内,并在所有存储的化学槽罐、集装箱和罐组上都按要求清晰标注了存储的物品。对于潜在污染物质的泄漏情况,安排专门的负责人员进行实时监测记录;当存储工具或危险物出现问题时,工厂安全部门有相关人员检查围挡的完整性,检测内容和复审情况会在风险评估中体现。

三、人员领域的实施现状

（一）员工培训

工厂给所有员工(全职员工、临时员工和劳务外包员工)进行了必要的培训,保证所有员工符合工作培训的相关要求,提供给员工的所有培训资料都已保存归档。

（二）杜绝雇用童工措施

工厂严格遵守《中华人民共和国劳动法》和《中华人民共和国劳动合同法》的相关规定及 STP 的相关要求并从严处理,通过在所有涉及劳务的外包合同上补充年龄要求、禁用童工的条款,确保工厂内没有低于 18 岁的未成年人从事任何危险或有害的工作。

（三）社区活动

按照 STP 的要求组织开展社区帮扶行动,并保存活动开展资料,从而充分体现企业的社会责任感。

（四）急　救

工厂通过建立急救人员信息表,确保在工厂范围内适当的地点有足够的急救人员,必要时能够无延误地进行紧急救助。

四、工厂领域的实施现状

（一）人体功效学调查

工厂按照领域要求开展了工作场所有员工的人体热舒适度问卷调查活动,并对调查结果分析评估,确保缓解措施实施到位,以保护所有员工的健康。

（二）生物防控

工厂制定了《烟草有害生物防治管理制度》,用于控制工厂内有害生物的危害,保证工厂生产环境和烟叶质量达到 STP 指南要求;按照行业标准对烟草害虫开展实时监测和防控管理,以保障烟叶产品在库质量不受虫害的影响。

（三）安全联锁保护

对生产现场加工设备安全隐患点新增零件防护罩(见图 6-5),确保在工人意外触碰或有意操作的时候不会受到伤害,最大限度保证员工和来访人员的安全。

图 6-5　零件防护罩

第四节 贵州省 STP 加工部分实施成效

相比工厂经常使用的 ISO 9000 族标准、ISO 14000 环境管理体系标准和 ISO 18000 职业健康安全管理体系标准,STP 让企业在做好自身经营管理和产品质量的同时,加大对安全的工作环境、职业健康和防护、劳动者权益、利益相关方的识别和管理等方面的关注度,需要企业承担更多的社会责任。其内在逻辑是只有为企业员工提供安全、舒适的环境,切实提升员工的满意度,保护环境和保护企业员工,企业员工才能激发工作热情,自觉为客户提供满意的产品和服务;企业只有严格遵守国家的法律法规、行业的各项规定,自觉保护环境,尽可能满足各利益相关方的需求,主动积极承担相应的社会责任,才能在激烈的市场竞争环境中实现可持续发展。在管理手段上,工厂将安全管理常用的风险评估扩大到环境领域、人员领域和设备设施领域,并将其作为制定管理措施的出发点,也为管理者有效管理提供了一种新的管理思路和解决方案。工厂在不断探索 STP 工作标准的过程中,随着对 STP 理解的不断深入,也重新审视自身的管理系统及其管理的有效性,持续改进自身的管理体系文件;针对英国 AB Sustain 公司第三方评估及联一国际公司中间商突击检查中发现的问题,及时逐一分析并逐项整改。通过这些措施,工厂的 STP 实施成效得到大幅提升。2019 年底,贵州烟叶复烤有限责任公司贵阳复烤厂的年度自评分上升到 83 分(见表 6-2)。

表 6-2　贵州烟叶复烤有限责任公司贵阳复烤厂 2019 年自评估与
2017 年英国 AB Sustain 公司评估得分

	管理领域	环境领域	人员领域	设备设施领域	总　分
2017 年英国 AB Sustain 公司评估	46 分	38 分	36 分	34 分	36 分
2019 年自评估	92 分	77 分	80 分	83 分	83 分

贵州烟叶复烤有限责任公司贵阳复烤厂在实施 STP 后取得的主要成效:

1. 管理系统进一步完善有效,培养了一支 STP 专业队伍

在开展 STP 工作过程中,工厂通过成立 STP 指导委员会、编制 STP 工作手册、

进行风险评估、有效修订管理体系文件、持续培训人员、沟通交流等方式,一方面让员工广泛了解什么是可持续发展,以及可持续发展对于加工企业的重要性和必要性,从而提升员工对企业的认同感;另一方面,企业在推行STP的过程中,通过梳理认识自身管理系统的缺陷,不断补充完善自身管理体系文件并具体实施,从而确保管理系统的有效性,同时也培养了一支STP专业队伍。

2. 标准掌握更加明确具体

STP更加严格明确指向具体指标和条款。对于每一条标准及其下面的指标(如工厂能源的耗用、工作环境的粉尘和噪声、工厂道路车辆限速等),都需要管理人员和作业人员熟练掌握相关国家标准、行业标准乃至企业自身标准和规定的具体条款,这些标准和指标给管理人员和作业人员提出了更高的要求,指导企业各项业务均需要严格遵守国家法律法规,推动企业按更加严格的标准去执行。

3. 利益相关方管理显著提升

相比原有工厂在利益相关方主要侧重于环境及职业健康安全管理,STP要求企业从更为广泛的视角来进行风险评估并建立相应的利益相关方台账,结合自身的实际情况进行分类管理,从而促使企业系统审视各利益相关方,并在决策及业务活动中尽可能满足各利益相关方的需要。

4. 基础设备设施改善

工厂在深入推进STP的过程中,通过一系列的自查、联合检查及突击检查,发现了工厂在保护员工安全的设备设施方面,尤其是在现场人员保护措施及设备安全风险控制上较国际先进企业存在不足。工厂按照STP指南和客户要求,通过项目技改如更换车间防火门,新增车间声光报警系统、设备防护罩、设备连锁装置等,为员工提供更加安全的工作环境;通过加强员工个人防护装备的配备,加大安全培训力度,系统开展消防、应急、逃生、个人防护等方面的训练,有效提升员工安全生产和应急处理方面的知识和能力,从而有效降低企业潜在风险。

5. 员工现场工作环境舒适度明显提高

工厂通过新增车间环境除尘设备、增加卫生间蹲位、实施卫生间改造、车间LED灯光改造等,并严格按规定定期测试影响员工舒适度的各项指标,确保工厂粉尘排放、光照度等数据符合国家及STP的标准,为员工提供更加舒适的工作环境,有效提升员工的满意度。

6. 加工质量稳步提升

工厂通过实施STP标准中对非烟物质的有效控制,如增加光电除杂设备,制作副产品包装物支架盒,有效管控生产现场工具等措施,同时作业环境的持续改善使得作业人员的满意度不断增强,工厂的加工质量稳步提升,产品均质化加工水平进步明显。2019年烤季以来,在国家烟草专卖局对国内代加工烟叶检测中,贵州烟叶复烤有限责任公司贵阳复烤厂成品水分CV(标准差与均值的比率)值为2.09%,较2018年的2.55%提升了0.46个百分点;烟碱CV值为2.61%,达到优秀标准(3.5%以内)要求;2020年1月,中国烟叶公司均质化检测结果显示,贵州烟叶复烤有限责任公司贵阳复烤厂烟碱CV值达到1.89%,在贵州省6家抽检的加工复烤厂中排名第一。

第七章
贵州省 STP 应用评价与展望

第一节 贵州省 STP 实施的总体成效

一、贵州省 STP 实施成效

2017 年 3 月和 11 月,第三方评估机构英国 AB Sustain 公司分别对贵州烟叶复烤有限责任公司贵阳复烤厂 2016 烤季 STP 加工部分,以及遵义市播州区、黔西南布依族苗族自治州安龙县和兴义市试点烟区 2017 年度 STP 农艺部分的工作完成情况进行了正式评估。加工部分评分为 36 分,自评估准确率为 36%,农艺部分评分为 80 分,自评估准确率为 93%。2018 年和 2019 年,加工部分自评估分别为 80 分和 83 分,农艺部分自评估分别为 81 分和 82 分。农艺部分的自评估和第三方评估情况见表 7-1。

表 7-1 农艺部分自评估与第三方评估得分

	管理领域	作物领域	环境领域	人员领域	总 分
2017 年自评估	68 分	83 分	62 分	86 分	78 分
第三方评估	72 分	85 分	73 分	83 分	80 分
2018 年自评估	67 分	85 分	61 分	96 分	81 分
2019 年自评估	64 分	84 分	64 分	96 分	82 分

贵州省通过 STP 试点,历经解读、培训、实施、本地化过程,在贵州省普及了 STP 概念、提高了试点相关人员对 STP 的理解和认识,培养了强有力的 STP 专业化队伍。

STP 符合当今我国以人为本、绿色发展、高质量发展、可持续发展等理念。2020 年,贵州省 STP 农艺部分试点工作扩大到 7 个市(州)公司、8 个县(区、市)分公司,覆盖试点农户 4242 户,试点内烤烟种植面积为 9020 hm²。贵州省的 STP 工作在保证质量的前提下稳步推进中。

二、综合评价

(一)生态效益

生态效益是指人们在生产中依据生态的平衡规律,使自然界的生物系统对人类的生产、生活条件和环境条件产生有利的效果和有益的影响。一项生产活动不能单单追求经济收益,若没有维护生态平衡,整体长远的经济收益则很难得到保证。烟草的可持续发展也是环境的可持续发展,从整体大环境来看,实施烟区水、土壤及大气资源保护计划,目标就是改善及提高整个烟区乃至周围的生态环境。对烟草生产活动中产生的废弃地膜、漂浮育苗盘、农药包装物进行合理处置,以及施用有机肥改良土壤、使用生物质燃料替代煤炭等,都是对烟区生态环境进行有效保护的措施,可为农业生产的可持续发展提供保障。近年来,烟草设施化育苗、井窖式移栽、地膜覆盖栽培、有机肥生产、机械化作业等先进适用技术在玉米、辣椒、茶叶等产业中得到推广应用。烤房、育苗大棚种植双孢菇,育苗大棚、轮作烟田种植羊肚菌等也已得到广泛推广应用。新能源烤房、GAP 管理、土壤保育技术、绿色防控技术、减量化生产模式、废弃地膜及农药包装物回收利用等绿色技术的应用,助推了自然生态与农业产业的和谐发展。

(二)社会效益

社会效益是指最大限度地利用有限的资源来满足人们日益增长的物质文化需求。对于在烟草生产活动中推广应用 STP 而言,它的社会效益不仅仅是给烟农带来了更好的经济利益和更好地保护了烟区的生态环境,更多的是在人员领域中所体现出的烟草行业的社会责任和担当,主要表现在提高烟农自觉遵守法律意识、保护烟区儿童享受教育权益、帮助维护雇工权利和改善烟区生产、生活条件等诸多方面,为助力乡村振兴和烟农脱贫致富做出了积极贡献。

(三)经济效益

经济效益简单来说就是投入与产出比。从短期来看,STP 项目的实施,除提升烟草种植水平对烟农增加种植收益有明显的促进作用外,并没有给整个烟草行业带来直接的经济效益。但若从可持续发展的角度来看,环境保护、承担社会责任给整个社会带来的潜在效益远远大于给烟草公司带来的实际效益。例如目前积极开展的农药包装物规范回收处理、废弃地膜回收利用和处理等工作,若不尽早开展这些工作而用传统处理方法,会对大气、水资源、土壤等造成破坏,今后将需要更多的人力、物力和财力来进行修复。对烟农进行的各个领域的知识培训,可提升及改善烟农的农业生产能力,进而使烟农提供更加品质优良的烟叶,增强烟农及雇工的法制意识,构建一个和谐的烟区环境,建立烟农雇工风险防范体系和烤烟种植保险体系,化解烟农种植风险等,这些都是 STP 带来的潜在经济收益。

第二节　STP 实施问题探讨

贵州省 STP 实施取得显著成效,但在实施过程中也发现了一些值得探讨的问题。

一、符合中国相关法律要求

1. 自由结社

STP 是以西方文化为背景编写的,其自由结社的内容与我国相关法律的内容不完全相同。

《中华人民共和国劳动法》第 7 条规定:劳动者有权依法参加和组织工会。工会代表和维护劳动者的合法权益,依法独立自主地开展活动。第 8 条规定:劳动者依照法律规定,通过职工大会、职工代表大会或者其他形式,参与民主管理或者就保护劳动者合法权益与用人单位进行平等协商。

在中国,劳动者或烟农所参加或组织的社团必须是中国相关法律允许并按相关法定程序注册或登记的。只有这类社团,劳动者或烟农才能参加或组织。

2.反对垄断

STP 的反对垄断条款,在中国不适用于《中华人民共和国烟草专卖法》所规定的专卖品,只适用于烟草行业非专卖物资的采购等方面。

3.雇工年龄

《中华人民共和国劳动法》第 15 条规定:禁止用人单位招用未满 16 周岁的未成年人。文艺、体育和特种工艺单位招用未满 16 周岁的未成年人,必须遵守国家有关规定,并保障其接受义务教育的权利。第 58 条规定:国家对女职工和未成年工实行特殊劳动保护。未成年工是指年满 16 周岁未满 18 周岁的劳动者。

不能雇用未满 16 周岁的未成年人。烟农年满 8 周岁未满 16 周岁的子女,在不影响上学的前提下,帮助父母做适量的、非危险性的家务是可以的,是非报酬性的,不属于雇佣关系。

二、使用标准

1.有的标准高于国内标准

如部分关于农药残留的标准高于国内农药残留标准和国际烟草科学研究合作中心农药残留指导标准。

2.有的标准与国内标准存在冲突

如消防器材的摆放位置。

3.有的标准国内无相应的标准

如关于工厂环境、温室气体排放、不同类型农药施用所需防护服的标准。

4.国内新技术的运用使指标降低反而得不到认可

如天然气锅炉的运用使锅炉烟囱高度下降,STP 评估时不认可。

5.有的指标较为机械

如能耗指标坚持必须换算为每公斤烟叶,而不认可国内烟草通行的吨片烟标准。

在 STP 尚未完全覆盖一定区域、STP 与体系文件尚未能完全整合时,应该认同体系文件规定的指标单位,只要它能换算为 STP 的指标要求。

三、以烟农为基本监测单元对指标项做出肯定或否定结论

在农艺部分,STP 是以烟农为基本监测单元。一户烟农有多块地,只要有一块地未达到指标要求,按 STP 规定该农户在该项指标上的监测结果即为不合格。而贵州省 STP 农艺部分主要以完成进度或比例为指标,这样更能较好地反映真实的客观情况。如有一户烟农,种烟 3 hm²,其中所用轮作土地为 2 hm²、非轮作土地为 1 hm²。按 STP 要求,对烟农轮作情况的监测结果为不合格;按我省实际执行的指标、监测结果,该农户轮作比例为 66.7%。类似的指标还有绿肥种植情况、按时完成移栽情况、地膜回收情况等。

这些指标,在以烟农为基本监测单元的同时,结合考虑完成比例,更为科学和合理。

四、标准高和从严原则,存在贸易壁垒风险

STP 指南提供的标准基础是欧美标准。第三方评估时,当 STP 标准与国内标准不一致时,他们的意见是采取从严原则,按较高标准实施。过高的标准要求存在国际烟草商将其作为贸易壁垒的风险。

五、换版频次

STP 指南的版本升级较快。版本升级后,要求实施方立即要按最新版本执行。版本的升级如涉及数据采集系统,在年度实施过程中对数据采集系统进行修改难度较大。对 STP 版本,如需执行新版本,在烟草生产开始前发布,从新的烟季开始执行,更为合理。

第三节　贵州省STP持续实施的建议

一、加强团队建设，提升工作人员的责任感和紧迫感

（一）分工协作和加强沟通，提升工作人员的执行能力

STP的实施是一个系统工程，需要不同专业、不同领域的人士共同开展，这不仅需要明确分工，还需要相互协作，加强沟通协调，这样才能够达到共同的目的。针对STP各个领域的实施，复烤厂和产区可根据职责、岗位的不同，由不同的人共同分工完成。在实施过程中需要加强组织领导，加强培训指导，制定时间表、路线图及沟通协调机制，高质量推进各项工作，确保目标任务圆满完成。

（二）加强学习和创新，不断更新项目实施方案

所有STP项目小组的成员都应该不断加强学习，总结经验，找出不足之处不断地改进。STP的实施方案并不是永久不可改变的，要根据不同种植区域的实际情况来制定切合实际的具体措施，这样才能更加有效地开展工作，取得更好的实施效果。

（三）鼓励组内不同岗位人员协调交流，共同合作完成各自工作

不同领域之间并不是没有关系的，例如加工部分的工厂领域、环境领域和人员领域几乎都要对班组成员进行培训，农艺部分的作物领域、环境领域和人员领域几乎都要对烟农进行培训，为了节约时间、提高效率，不同领域的负责人可以互相合作，选择一起召开培训会，这样就不用等一个领域培训完再接着下一个领域培训，可大大提高工作效率。进行分工合作更能充分发挥个人特长，弥补个人的不足，使每个部分的工作能够做到最好。

二、突出重点，强化措施，提高整个 STP 实施水平

（一）突出各时期工作重心，夯实工作前期基础

工作需要找到重点、找到关键，这既是工作方法，也是开展工作的理念。正如在开展工作的前期，需要夯实管理领域的各项工作要点，了解烟区实际的生产、管理水平，通过对烟区进行预评估来确定每个领域的工作重点与难点，先解决风险等级高的事项，做到精准发力，集中精力在关键环节上取得突破，接着再来解决风险等级较低的事项。这样分清事情的轻重缓急，在千头万绪中理清思路，才不会"眉毛胡子一把抓"，才能有效地推进 STP。

（二）统筹协调，工作步伐井然有序

在工作的过程中，若上级领导缺乏统筹协调的意识，则会给下级部门之间的协作带来不便，造成协作不够、缺乏合力，无形中就浪费了有限的行政成本。在工作中，既要有分工也要有合作，这是干好所有工作的前提。如何处理好分工与合作的关系，这就需要决策机构科学合理地划分下属工作部门的职能，同时根据工作变化协调好各部门之间的关系，合力推进工作。因此，对于领导干部而言，需要下功夫研究工作、熟悉工作，提高自身的工作能力，做到处乱不惊、运筹帷幄，有力有序地推进整体工作。

三、加强多方合作，推进项目的整体进程

（一）利用各方优势，提升项目的系统性和有效性

一个团队需要团队中的每一个个体都有自己的优势，同时这种优势最好是团队中其他个体缺失的。STP 项目小组成员来自企业、学校和科研机构，这种产、学、研合作模式能够实现资源的有效配置。针对 STP 工作团队而言，南京农业大学和南京国环有机产品认证中心拥有的智力资源和关于环境保护的优势资源，决定适合开展科学研究及结合产业升级中的关键技术进行攻关；联一国际公司悉知 STP

标准的精髓并全面掌握了国际烟草企业的需求;中国烟草总公司贵州省公司则有高效运行管理的成功经验,并且是项目的投入主体、研究主体、利益分配主体和风险责任承担主体。三者之间充分发挥各自优势,相互需要、相互依存、密切配合,是维持项目整体高效运行的动力,同时也是提升项目整体的系统性、有效性的有力支撑。

(二)拓展内容,提升项目水平

学校与科研院所具备的科研创新能力驱动 STP 项目内容拓展,使项目不仅仅停留在实施各项标准的层面,还可进行深入解析,更加体现其专业化。再者,一旦发现创新点,就可以依靠烟草公司的生产资料、资金等资源进行进一步研究,整体上提升项目的实施水平。

四、高度重视,扎实推进 STP 工作

STP 要求在尽量减少对自然环境的负面影响和不断改善与烟草生产有关的人员条件及社区的社会经济条件的基础上,逐步提升烟草生产的效率和竞争性。这与中国烟草生产强调的"特色、优质、生态、安全、高效"理念是一致的。省级烟草公司烟叶管理部门、进出口公司、试点市级公司要通力合作、密切配合,明确工作职责,逐级落实责任,严格按照 STP 工作要求推进项目实施,这样才能持续提升烟草生产水平,逐步改善烟区生活条件和生态环境,助力乡村振兴,实现烟草种植者追求美好生活的愿望。

五、全省统一风险评估中的风险严重性

风险严重性是指风险评估指标项,一旦风险发生会对该领域所造成的影响。在一定区域、一定时段内,风险严重性是相对统一的。为此,我们以省级为单位,组织供应商各层级相关人员,对贵州省 STP 指标的风险严重性进行统一,避免产区理解不一对同一标准评估出不同严重性的分值。农艺部分作物领域、环境领域和人员领域的风险严重性见表 7-2、表 7-3 和表 7-4。

表 7-2　STP 农艺部分作物领域风险严重性评估值

条　目	款　目	标　准	严重性
关键标准	风险评估	公司用风险评估方法识别和降低影响作物领域标准的任何明显风险	4
	烟农培训计划	公司就 STP 作物领域中与烟农有关的标准和其进行了交流，并对其进行了培训	4
	烟草生产过程监测	公司系统性地实地监测 STP 作物领域标准的有效实施情况	4
品种选择	种子检测和证书	所有批次种子都要经过权威机构的检测	4
	遗传状况	对烤烟种子和成品进行检测，确认无转基因	5
	征求 STP 卷烟制造商意见	在任何一种烤烟新品种审定通过前，公司应征求所有相关 STP 卷烟制造商意见，让其核实品种特性可接受度	5
作物管理	质量和产量	烟农采取适宜的农艺措施来提高质量和产量	3
	土壤分析	对土壤进行分析，以明确是否有影响烤烟种植经济可行性和健康生长的因子	3
	肥料与石灰管理	烟农调整肥料用量和石灰用量以满足土壤肥力和作物营养需求	3
	肥料检测	有机肥和无机肥的来源明确，并且有相应的检测报告	3
	烟苗生产	烟农使用最适合当地的技术和措施，生产均匀和健康的烟苗	3
	移　栽	烟农采用最佳移栽措施，为较高产量奠定基础	3
	打顶与抹杈	烟农采用打顶与抹杈的措施，以获得所需的烟叶类型	3
	烘烤容量	对于所有种植的烟草要有充足烘烤容量	3
	交售准备	烟农根据收购要求准备烟叶以备交售	3
	降低烟草特有亚硝胺含量	公司采取措施降低特有亚硝胺含量	3

续表

条 目	款 目	标 准	严重性
有害生物综合治理	作物轮作	烟农应将烟草与其他作物轮作以防止病虫害发生	3
	生物防治	烟农使用生物方法控制病虫害	3
	抗性品种	烟农种植烤烟抗性品种	3
	物理防治	烟农使用物理防治方法降低病虫害发生率	3
	作物残留物的处理	烟农要销毁苗床和作物残留物	3
	天 敌	烟农要为害虫天敌提供栖息地	3
	农药施用的经济阈值及病虫害、益虫的监测	建立主要病虫害的经济阈值,只有当监测结果已经超过了经济阈值,才能施用农药或采取其他措施	4
	注册在烟草上施用的农药,并注意农药毒性	施用农药时,要遵守相关法律规定、STP 卷烟制造商和农药施用说明要求。公司要推进低毒性农药的施用,以降低对环境和人类健康的危害	4
	农药施用记录	烟农在烤烟上施用农药,要保存有效的农药施用记录	4
	卷烟制造商要求的农药最大残留限量	符合法律规定和 STP 卷烟制造商规定的农药最大残留限量	4
烟草生产过程中的污染物	烤烟生产过程中非烟物质的识别与控制	公司制定控制非烟物质的措施,每户烟农要落实到位,防止烟叶含有任何非烟物质	4
	异 味	公司要明确烤烟生产过程中能产生异味的物质和位置,并制定预防措施	4
	非烟物质的追踪	公司要以根除非烟物质为目标,追踪烤烟生产过程中非烟物质的来源	4
烟农收益	烟农生产效率和生产率	烟农通过提高生产效率和生产率来增加收益	3
	农业经济学	公司必要时应帮助烟农,让其对与烤烟生产相关的农业经济学有充分认识	3

表 7 - 3　STP 农艺部分环境领域风险严重性评估值

条　目	款　目	标　准	严重性
关键标准	风险评估	公司用风险评估方法识别和降低影响环境领域标准的任何明显风险	4
	烟农培训计划	公司就 STP 环境领域中与烟农有关的标准和其进行了交流,并对其进行了培训	4
	烤烟生产过程监测	公司系统性地实地监测 STP 环境领域标准的有效实施情况	4
水资源管理	减少用水量	烟农用水的目标是减少生产每公斤初烤烟的耗水量	3
	水抽取	烟农抽取的水量不得超过水资源的可持续有效量或更为严格的法规允许的最大抽取量	3
	灌溉水质量	烟农用于灌溉烟草的水的质量要避免对作物或土壤造成不利影响	3
土壤管理	土壤保育计划	公司制订书面计划以确保植烟土壤得到保护	3
污染控制	水资源保护计划	公司要制订并实施一个水资源保护计划,以减少烤烟生产对水污染的风险	4
	水污染监测	针对风险评估中识别出的所有潜在污染物,公司应对烟草种植区域的河道和水体进行监测	4
	土壤保护计划	公司制订土壤保护计划,以防止烤烟生产过程中土壤遭受污染和化学性破坏	4
	减少烤烟生产对大气的影响	公司应制订和实施计划,使烤烟生产对大气的影响降至最小	4
废弃物管理	塑料的回收利用和处理(农药包装物除外)	公司对烤烟生产中所使用的塑料制定并实施回收利用和处理的最佳措施	4
	育苗盘的回收利用和处理	公司对育苗盘的回收利用和处理制定并实施最佳措施	4
	非危险性废弃物的回收利用和处理(不包括塑料和育苗盘)	公司对非危险性废弃物的回收利用和处理制定并实施最佳措施	2
	危险性废弃物的储存、回收和处理	公司对烤烟生产过程中产生的危险性废弃物的储存、回收和处理制定并实施最佳措施	4
	农药包装物的回收和处理	公司对烤烟生产过程中产生的农药包装物的回收和处理制定并实施最佳措施	5
	使用可再生土壤基质育苗	使用可再生土壤基质育苗,避免使用泥炭进行育苗	2

续表

条 目	款 目	标 准	严重性
燃料的使用效率及温室气体减排	减少烤烟烘烤中的燃料使用量	公司记录烤烟烘烤过程中的燃料用量,目的是减少每公斤初烤烟的燃料消耗量	2
	烤烟生产过程中的温室气体减排	公司应通过分析识别烤烟生产过程中温室气体排放大的活动,并制订计划减少这些活动	4
保护生物多样性	生物多样性	公司收集烤烟种植区域及其周围生物多样性的内容和外部资料,制订和实施生物多样性计划	3
木材使用	用于烤烟烘烤木材的可持续性	当木材作为燃料用于烘烤烟叶时,烟农只能使用可持续性木材	4
	用于建造烤房和烤房架的木材和竹子的可持续性	当使用木材或竹子来建造烤房,或用作烤户框架、柱桩时,烟农只能使用可持续性木材或竹子	4
	木材和竹子的可追溯性	建立可追溯系统,追溯烤烟生产过程中使用的所有木材和竹子的来源	3
新耕地	用新耕地种烟	公司对所有潜在的新烟田进行详细和文件化的评估,以确保其适用于烟草生产,并尽可能减少对环境的不利影响	3

表7-4 STP农艺部分人员领域风险严重性评估值

条 目	款 目	标 准	严重性
关键标准	风险评估	公司用风险评估方法识别和降低影响人员领域标准的任何明显风险	4
	烟农培训计划	公司就STP人员领域中与烟农有关的标准和其进行了交流,并对其进行了培训	4
	烟草生产过程中监测	公司系统性地实地监测STP人员领域标准的有效实施情况	4
烟草生产过程中的童工	烟草生产过程中雇用童工	不得招聘、雇用童工。非危险性工作的最低雇用年龄不能低于完成义务教育的年龄。在中国,雇用年龄不得低于16岁	5
	曝光低于18岁的人员在烟草生产过程中所从事的危险工作	低于18岁的人员不得从事任何种类的危险工作	5
	烟农自己的孩子	烟农自己的小孩,年龄在8~16岁之间或大于本国法律规定的做轻量家务的年龄,可做轻量家务	5

续表

条　目	款　目	标　准	严重性
强迫劳动	防止债券、债务和威胁	烤烟生产过程中,雇工不能在债券、债务和威胁下工作,他们能直接从雇主那里获得工资	5
	自由离职	雇工在合理通知期限的情况下,可自由离职	5
	押　金	烟农不能要求雇工因被雇用而交押金	5
	克扣工资	烟农不得在法律规定或约定的支付条款外克扣雇工工资	5
	扣押身份证原件和贵重物品	烟农不得扣押雇工的身份证原件和贵重物品	5
	犯人或强制劳动人员	烟农不能雇用犯人或强制劳动人员	5
安全的工作环境	安全环境、伤害和疾病	为烟农提供安全、卫生的工作环境,采取合理措施保护所有工作人员(包括雇工和/或烟农家庭成员)免受伤害,并在必要时给予适当照顾	5
	GTS	所有工作人员(雇工和/或烟农家庭成员)在未接受过 GTS 相关知识培训前,都不允许进行打顶、采摘或装烟工作	4
	农药的安全储存	农药需安全储存在上锁的危险品储存箱内(或单独上锁的房间),以防止未经授权取用	5
	农药的处理和施用	工作人员(雇工和/或烟农家庭成员)在未接受相应培训且未穿戴必需的个人防护装备的情况下,不允许搬运或施用农药或其他有害物质(如化肥)。未满 18 岁的人员、孕妇及哺乳期女性,不得操作或施用农药	5
	施药后可再次进入烟田的时间	工作人员(包括雇工和/或烟农家庭成员)均不得进入施用农药而安全进入日期未到的烟田	4
	休息、清洁的饮用水和洗涤用水	工作人员(包括雇工和/或烟农家庭成员)有规律休息的权利,并在其工作和生活地点附近随时都能获取清洁的饮用水和洗涤用水	5
	为雇工提供的住宿	如给雇工提供住宿,所提供的宿舍应干净、安全,能满足雇工的基本需要且符合国家法律规定	4

续表

条 目	款 目	标 准	严重性
公平待遇	身体虐待和恐吓	不能对雇工及其家庭成员进行任何身体虐待、身体虐待的威胁或以身体接触来伤害和恐吓他们	5
	性虐待和性骚扰	不能对雇工及其家庭成员进行性虐待和性骚扰	5
	语言侮辱和骚扰	不能对雇工及其家庭成员进行语言侮辱和骚扰	5
	歧 视	不得歧视雇工	5
	保障机制	雇工可以通过公平、透明、匿名和有效的保障机制进行投诉	5
结社自由	雇工结社自由的权利	在国家法律规定范围内,烟农不得干涉雇工结社自由的权利	5
	报酬谈判	雇工有可以自由参与或推荐代表进行报酬商谈的权利	5
	雇工代表	保证雇工代表不受歧视,能够在工作场所履行其代表职能	5
雇工的收入、工时和利益	工作时间	雇工工时遵循当地法律规定。除加班时间外,正常工作时间每周不超过44 h	5
	工 资	雇工(包括临时工、计件工、季节工和随季节迁移工)工资必须达到当地法律规定最低工资标准或农业劳动收入基础标准	5
	按时支付报酬	按时支付雇工报酬,支付时间要符合国家法律规定	4
	福利、假期和休假	雇工享有国家相关法律规定的福利、假期和休假的权利	4
	加 班	加班须是自愿的,并且应该按照国家法律规定或报酬谈判结果支付雇工加班工资	5
遵守法律	雇工的合法权利	在开始工作时告知所有雇工有关他们的合法权利等	5
	雇工书面合同和雇工信息	国家法律有要求时,烟农和雇工要签订书面合同,雇工保存一份	4
	雇用条款和条件	雇佣合同中的条款和条件不能与国家法律相抵触	4